MARCO POLO

JAPAN

Reisen mit **Insider Tipps**

> Dieser Einklang von Natur und Architektur, der Sinn für Ästhetik: Kyoto wäre der Platz in Japan, wo wir auch ohne unseren Beruf gerne leben würden.
> **MARCO POLO Autoren**
> *Angela und Rainer Köhler*
> (siehe S. 147)

Spezielle News, Lesermeinungen und Angebote zu Japan:
www.marcopolo.de/japan

JAPAN

> SYMBOLE

MARCO POLO INSIDER-TIPPS
Von unseren Autoren für Sie entdeckt

★ **MARCO POLO HIGHLIGHTS**
Alles, was Sie in Japan kennen sollten

❋ **SCHÖNE AUSSICHT**

📶 **WLAN-HOTSPOT**

▶▶ **HIER TRIFFT SICH DIE SZENE**

> PREISKATEGORIEN

HOTELS
€€€ über 150 Euro
€€ 100–150 Euro
€ unter 100 Euro
Die Preise gelten für ein Doppelzimmer pro Nacht

RESTAURANTS
€€€ über 50 Euro
€€ 30–50 Euro
€ unter 30 Euro
Die Preise gelten für ein Gericht ohne Getränk

> KARTEN

[130 A1] Seitenzahlen und Koordinaten für de Reiseatlas Japan
[U A1] Koordinaten für di Tokio-Karte im hinteren Umschlag

Zu Ihrer Orientierung sind auch die Orte mit Koordina ten versehen, die nicht im Reiseatlas eingetragen sin

---

■ **DIE BESTEN MARCO POLO INSIDER-TIPPS** .... **UMSCHLAG**
■ **DIE BESTEN MARCO POLO HIGHLIGHTS** **4**

■ **AUFTAKT** **6**

■ **SZENE** **12**

■ **STICHWORTE** **16**
■ **EVENTS, FESTE & MEHR** **22**
■ **ESSEN & TRINKEN** **24**
■ **EINKAUFEN** **28**

■ **NORDJAPAN** **30**
■ **OST- UND ZENTRALJAPAN** **38**
■ **WESTJAPAN** **62**
■ **SÜDJAPAN** **94**

INHALT

> SZENE
S. 12–15: Trends, Entdeckungen, Hotspots! Was wann wo in Japan los ist, verrät der MARCO POLO Szeneautor vor Ort

> 24 STUNDEN
S. 110/111: Action pur und einmalige Erlebnisse in 24 Stunden! MARCO POLO hat für Sie einen außergewöhnlichen Tag in Kyoto zusammengestellt

> LOW BUDGET
Viel erleben für wenig Geld! Wo Sie zu kleinen Preisen etwas Besonderes genießen und tolle Schnäppchen machen können:

Sushi zum Sattessen S. 36 | Über Nacht im Badehaus S. 46 | Die Goodwill Guides führen gratis durch die Stadt S. 66 | Günstiges Hostel im japanischen Stil S. 102

> GUT ZU WISSEN
Spezialitäten S. 26 | Blogs & Podcasts S. 34 | Erleuchtung garantiert S. 50 | Sakura-Partys S. 59 | Leeres Orchester – Karaoke S. 60 | Bücher & Filme S. 70

AUF DEM TITEL
Kyoto: Autofreie Pfade und Begegnungen mit Künstlern S. 78
Robo-City in Osaka S. 91

■ **AUSFLÜGE & TOUREN** **106**
■ **24 STUNDEN IN KYOTO** **110**
■ **SPORT & AKTIVITÄTEN** **112**
■ **MIT KINDERN REISEN** **116**

■ **PRAKTISCHE HINWEISE** **118**
■ **SPRACHFÜHRER** **124**

■ **REISEATLAS JAPAN** **128**
■ **KARTENLEGENDE REISEATLAS** **142**

■ **REGISTER** **144**
■ **IMPRESSUM** **145**
■ **UNSERE AUTOREN** **147**

■ **BLOSS NICHT!** **148**

2 | 3

ENTDECKEN SIE JAPAN!

Unsere Top 15 führen Sie an die traumhaftesten Orte und zu den spannendsten Sehenswürdigkeiten

Die Highlights sind in der Karte auf dem hinteren Umschlag eingetragen

 Towada-Hachimantai-Nationalpark
Die beeindruckende Wildnis mit Vulkanen, brodelnden Schlammteichen und Geysiren bei Aomori ist eine beliebte Wandergegend (Seite 33)

 Ise-jingu
Der Schrein bei Nagoya ist Japans bedeutendstes Nationalheiligtum (Seite 49)

 Toshogu
Das prunkvoll verzierte Sonnentor Tomei-mon in Nikko gehört zu den prächtigsten Sakralbauten Asiens (Seite 50)

 Asakusa-Kannon-Tempel
Glück verheißend ist die Göttin der Barmherzigkeit in diesem Heiligtum in Tokio (Seite 52)

 Rathaus
Die Plattform vom Rathausturm im Tokioter Shinjuku-Viertel bietet ein unbezahlbares Panorama (Seite 55)

 Tsukiji-Fischmarkt
Gaumenfreuden tonnenweise gibt es auf dem weltgrößten Basar für Meeresfrüchte in Tokio (Seite 56)

 Himeji-jo
Die wehrhafte Feudalburg von Himeji ist Japans größte und zählt zum Weltkulturerbe (Seite 63)

 Friedenspark (Heiwa-koen)
Hier begreift man hautnah den atomaren Schrecken von Hiroshima (Seite 67)

> DIE BESTEN MARCO POLO HIGHLIGHTS

 Miyajima
Kein Japanbesuch ohne ein Foto des berühmten „schwimmenden" Tors bei Hiroshima (Seite 68)

 Kinkaku-ji
Im „Goldenen Pavillon" in Kyoto ist wirklich alles Gold, was im Schlossteich glänzt (Seite 75)

 Kiyomizudera
Symbolisch! Vom Felsvorsprung der Tempelterrasse in Kyoto zu springen, ist Japans Metapher für Heirat und Berufswechsel (Seite 75)

 Katsura-rikyu
Der Baumeister der kaiserlichen Sommervilla in der Nähe von Kyoto stellte drei Bedingungen (Seite 83)

 Kasuga Taisha
Heilig! Am Fuße der beiden Berge Kasugayama und Mikasayama weisen 3000 Laternen den Weg zu dem weltbekannten Shinto-Familienschrein in Nara (Seite 85)

 Glover Garden
Romantisch! Mit etwas Phantasie träumt man sich hier bei Nagasaki in die bezaubernde Liebeswelt der Madame Butterfly – im Glover Mansion soll sie gelebt haben (Seite 101)

 Zum heiligen Fuji
Majestätisch! Der heilige Gipfel verkörpert Japans Idealbild: groß, ebenmäßig, rein und mystisch – und lässt sich relativ einfach zu Fuß erobern (Seite 106)

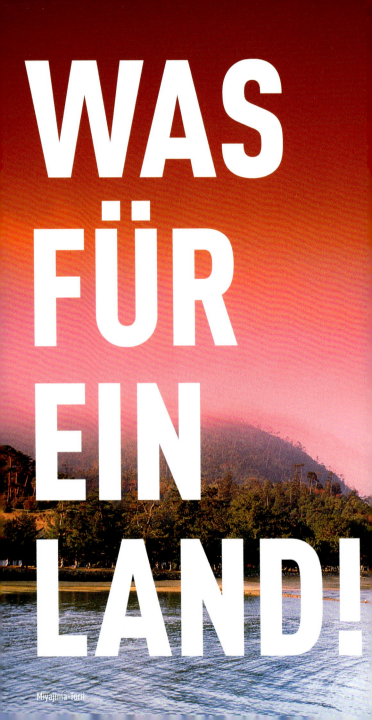
Miyajima-Torii

AUFTAKT

> Wer nach Japan fährt, sucht das Besondere. Er will erleben, wie eine ganze Nation im kollektiven Kirschblütenrausch versinkt, mit eigenen Augen sehen, wie die Laubfärbung Tempel und Gärten in ein prächtiges Gemälde verwandelt. Er will in heißen Quellen entspannen, frischesten Rohfisch essen, im Shinkansen mit dem pünktlichsten Zug der Welt reisen, in stilvollen Gärten die geglückte Verbindung von Architektur und Mensch empfinden, in lärmenden High-Tech-Vierteln die Zukunft bestaunen. Er wird extrem höfliche Menschen treffen und sich wundern, wie sie auf engstem Raum in stiller Harmonie miteinander auskommen.

> Hier habe ich gefunden, was ich zu finden hoffte", vertraute Literaturnobelpreisträger Saul Bellow dem Gästebuch der Nobelherberge Tawara-ya in Kyoto an: „menschliches Maß, Ruhe und Schönheit". Japan, das ist vollendete Harmonie – ganz gleich, welchem Erlebnis man sich zuwendet. Es ist eine Wonne, im Wasser einer heißen Quelle zu entspannen oder frischen rohen Fisch zu genießen. Ebenso viel Freude macht der lärmende Rausch der Elektronikviertel, wo Neuheiten gezeigt werden, die in Europa noch kaum jemand kennt. In Japan greifen Technik und Natur eben perfekt ineinander. Zum Beispiel, wenn der Shinkansen-Express mit 250 km/h am Vulkankegel des Fuji vorbeirauscht, dem vielleicht schönsten Berggipfel der Welt.

Doch ebenso schön, wie Japan ist, so kann es auch hässlich sein. Warum hat man die Küsten der vier Hauptinseln Honshu, Hokkaido, Kyushu und Shikoku so gnadenlos zubetoniert? In diesem Häusergewirr entlang der Bahnstrecken kann man kaum mehr feststellen, wo eine Stadt aufhört und die nächste beginnt. Warum ziehen sich Strom- und Telefonleitungen wie ein wirres Spinnennetz über die Straßen? Auf engstem Raum drängt sich das Leben in wild gewachsenen Großstädten, obwohl das Land doch mit 378 000 km² größer ist als Deutschland. Warum sind auch die

> **In Japan greifen Natur und Technik perfekt ineinander**

Hotelzimmer so eng und die Bäder so klein? Warum grenzen traumhafte Tempel an abstoßende Betonburgen? Die Antwort ist ebenso einfach wie unbefriedigend: Japaner haben gelernt, unangenehme Realitäten einfach zu übersehen. Sie verstehen es, sich an einer kleinen Blume zu erfreuen, auch wenn sie aus der Beton-

Traditionen sind in Japan allgegenwärtig: Shinto-Hochzeit im Meiji-Schrein

AUFTAKT

ritze einer Hochstraße vor ihrem Fenster sprießt.

Japaner sind nett. Nur selten finden ausländische Gäste Grund, sich über eine Unhöflichkeit der Einheimischen zu beschweren. Kaum ein lautes Wort und im Normalfall keine Spur von Aggression sind zu befürchten. Die Bevölkerung benimmt sich gegenüber zahlenden Touristen immer zuvorkommend. Das heißt aber nicht unbedingt, dass sie auch überall willkommen wären.

Japan ist fremd. Auch moderne Japaner sind überzeugt, dass die *Gaijin* – die Ausländer – sie nie und nimmer vollkommen verstehen können. Zweifelsfrei ist hier vieles anders, als es Europäer gewohnt sind. Ein Drittel davon springt sofort ins Auge, ein weiteres lässt sich mit wachsender Erfahrung entdecken und der Rest ist fast unerklärbar. Zu den einfacheren Geheimnissen gehört die Adresse, denn Japan kommt weitgehend ohne Straßennamen aus. Sie wollen nach 5-4-13 Denenchofu, Ota-ku, Tokio? Ganz einfach: Sie suchen Hausnummer 13, im Block 4 des 5. Unterbezirks im Stadtviertel Denenchofu des Tokioter Bezirks Ota. Das Dumme daran ist nur, dass Haus Nr. 13 nicht unbedingt zwischen 12 und 14 liegt, auch nicht zwangsläufig gegenüber. Selbst altgediente Taxifahrer verzweifeln oft daran. Am besten fährt man mit einer detaillierten Wegeskizze, auf der auch die betreffende Telefonnummer stehen sollte, die der Chauffeur im Zweifel anruft.

> **Japaner sind zuvorkommend und geheimnisvoll**

Für den Kulturunterschied der zweiten Art braucht man Erfahrung und Fingerspitzengefühl. Wollen Sie ein besseres Hotelzimmer zum selben Preis? Erwarten Sie nicht, dass die Reiseleiterin oder der Hotelrezeptionist etwas spontan zu Ihren Gunsten entscheidet. Man trägt das Anliegen bestenfalls weiter. In Japan werden selbst Details im kollektiven Konsens entschieden und fast niemals lässt sich der Entscheidungsträger ausmachen.

Noch schwieriger zu erklären sind die mentalen Unterschiede der dritten Art. Sie haben einen jungen Mann an der Straßenkreuzung nach dem Weg gefragt und werden mit souveräner Bestimmtheit in die erkennbar falsche Richtung geschickt? Er will Ihnen nichts Schlechtes antun, er möchte Sie bloß höflich und

8 | 9

WAS WAR WANN?

Geschichtstabelle

Um 10 000–300 v.Chr. Jomon-Kultur. Die ersten Menschen siedeln sich an

300–710 Erste Tenno-Dynastie

710–794 Nara-Epoche. Der Buddhismus wird Staatsreligion

794–1185 Heian-Zeit. Gründung von Kyoto, Geburt der japanischen Literatur, Bildung der Samuraikaste

1477–1573 Senguko-Periode, die „Zeit der streitenden Reiche". 100 Jahre lang herrscht Bürgerkrieg im Land

1587 Die Christenverfolgung beginnt

1603 Tokugawa Ieyasu wird Shogun mit Sitz in Edo (Tokio). Der Tenno ist entmachtet. Beginn der Edo-Zeit

1641 Totale Abschottung vom Ausland

1868 Beginn der Meji-Restauration. Shogun-Dynastie und Isolation enden

1910 Japan besetzt Korea

1937 Invasion Chinas

1941 Mit dem Überfall auf Pearl Harbor beginnt der Pazifikkrieg

1945 Atombomben auf Hiroshima und Nagasaki, Kapitulation Japans

1947 Inkrafttreten einer demokratischer Verfassung, freie Wahlen und Parlamentsgründung

1989 Thronbesteigung von Tenno Akihito (Heisei-Ära)

1995 Erdbeben in Kobe

2002 Fußballweltmeisterschaft in Japan und Korea

2006 Geburt des Prinzen Hisato, erster männlicher Kaiserspross seit vier Dekaden

2008 G8-Gipfel in Toyako

schnell los werden, weil er die Antwort auf Ihre Frage nicht weiß. Oder was ist los mit Herrn Suzuki, dem Sie bei dessen letzter Dienstreise so nett und aufwendig Ihren Betrieb gezeigt, den Sie nach Hause eingeladen und Freunden vorgestellt haben? Und nun lässt er sich in Osaka am Telefon verleugnen! Der Mann meint es nicht böse. Er hat nur die Abteilung gewechselt und ist für Sie nicht mehr zuständig. Man muss wissen: Japaner definieren viele „Freundschaften" über ein berufliches Bezugssystem.

Japan ist einzigartig. Die fernöstliche Insellage und wahrscheinlich noch mehr die lange politische Isolation des Landes haben eine fast störungsfrei gewachsene Gesellschaftsstruktur hervorgebracht, eine spürbare Nationalgeschichte und eine hoch verfeinerte Kultur. Und dennoch ist Japan multikulti. Beinahe nichts, worauf Japan heute in Kunst und Kultur mit Recht stolz ist – die komplizierten Schriftzeichen, das feine Porzellan, die edlen Lackarbeiten oder der noble Kimono –, wäre denkbar ohne fremde Einflüsse. Nicht einmal die Elektronik, denn beispielsweise das Transistorenpatent stammt aus den USA. Aber Japaner sind perfekt im Perfektionieren.

Japan ist elegant. Die zweitgrößte Volkswirtschaft der Welt hat eine lange Wirtschaftskrise hinter sich, doch nirgendwo sind einfache Büroangestellte so gut und teuer gekleidet wie in Tokio. Die Restaurants sind allabendlich gut gefüllt, selbst wenn aberwitzige Preise verlangt werden. Die Menschen vollbringen das Kunst-

AUFTAKT

stück, sich um die Zukunft zu sorgen und gleichzeitig fröhlich zu leben.

> **Am schönsten ist es in Japan zur Kirschblüte**

Japaner lieben Mobiltelefone. Vor allem junge Japaner nutzen das Handy intensiv: indem sie Mails schreiben nien und Expresszügen lässt Sie bequem zu allem Sehenswertem gelangen. Bus- und Bahnnetze reichen bis in die kleinsten Ortschaften. Das eher subtropische Klima ist meist erträglich – und am schönsten zur Kirschblüte im März/April sowie zur Laubfärbung Ende November. Das japanische Schriftsystem gibt zwar Rätsel auf, ist aber zu bewältigen. Zumin-

Stadt der Riesen: Tokios Wolkenkratzerviertel ist legendär

oder Zeitungen lesen, Restaurants aussuchen, Rechnungen zahlen oder einkaufen. Kein Wunder, dass jährlich gut 50 Mio. neue Geräte verkauft werden – fast halb so viel wie die gesamte Bevölkerungszahl.

Reisen in Japan ist leichter, als der 3000 km lange Archipel vermuten ließe. Ein dichtes Netz von Flugli-

dest in den Ballungszentren sind viele Hinweisschilder auf Englisch übersetzt, jüngere Japaner haben Englisch an der Schule gelernt. Im Zweifel können Sie sich durch einfaches Fingerzeigen verständlich machen, dann wird man Ihnen gerne weiterhelfen. Trauen Sie sich: Das Inselreich am anderen Ende der Welt wird auch Sie faszinieren.

▶▶ TREND GUIDE JAPAN

Die heißesten Entdeckungen und Hotspots! Unser Szene-Scout zeigt Ihnen, was angesagt ist

Katharina Sommer
Weit mehr als pures Business führt die Reisejournalistin und Sinoloyin Immer wieder nach Japan. Die Mischung aus modernem Lifestyle und Traditionen, Megacities neben dörflichem Idyll, landschaftlicher Vielfalt und historischem Kulturerbe üben eine fast magische Faszination und Anziehungskraft aus. So entdeckt unser Szene-Scout dort immer wieder neue und spannende Trends.

▶▶ ACTION UND SPORT

Die Zeichen stehen auf Power

Japan bewegt sich. Ob zu Lande, zu Wasser oder in der Luft – Hauptsache, man macht dabei eine gute Figur. Die Skater sind die Helden des Landes: Wahre Artistik zeigt das Team der Skate Schule *Good Skates*. Wer den Meistern der Halfpipes nacheifern will, findet genügend Skateparks mit Rampen, Boxen und anderen Extras *(Good Skates, 8-1 Koyocho Naka, Higashinada-ku, Kobe, www.goodskates.com; Free Skate Park: Kamazawa Olympic Park, Daigaku Sation, Tokio; Shop: Akiba Sports 3-6 Kanda-Ogawachou Chiyoda-ku, Tokio, www.akibasports.com)*. Run faster, jump higher ist das Motto von *Powerising*. Dabei schnallen sich Actionbegeisterte futuristische Geräte an die Füße und katapultieren sich damit ein bis zwei Meter in die Luft. Könner schlagen sogar Salti *(Serval Corporation, 2-7-12 Aoyama-cho, Yao-shi, Osaka, www.poweriser.co.jp)*. Auch im Wasser geht es heiß her. In Sachen Surfing wird voll auf Stand-up-paddle-Surfing gesetzt. Die besten Strände finden sich auf Okinawa *(www.mensoresurfing.com/surfpoint.htm)* oder an der Sagami Bay in Zentraljapan.

SZENE

▶▶ TAMAGOTCHIS ERBEN

Zeitvertreib en miniature

Immer mehr Japaner sind süchtig nach den neuen Minispielen, die an Tamagotchi und Co. erinnern! *Puchi Puchi (1-4-8 Komagata, Taito-ku, Tokio, www.bandai.co.jp/e/index.html, Foto)* basiert auf dem Prinzip der Luftpolsterfolien. Der Clou: man bringt Blasen zum Ploppen! Wer nicht mehr ohne *Puchi Puchi* leben will, kauft im *Tokyu Hands Department Store (Times Square Building, 2F-8F, 5-24-2 Sendagya, Shinjuku-ku, Tokio)*. Weiteres Spiel: die „unendliche Sojabohne". Beim Herausdrücken der Bohnen aus der Plastikschote erscheinen Gesichter nach dem Zufallsprinzip *(u.a. in Tokyu Hands, 3-4-12 Minami-senba, Osaka)*.

▶▶ ALLESKÖNNER

Stylishe Japan-Bands

Die neuen Bands wollen vor allem eines: optisch auffallen. Deswegen haben sie auch den Namen *Visual Kei* (abgekürzt *VK*) bekommen. Ihre Markenzeichen sind schrille Klamotten wie zum Beispiel Schuluniformen kombiniert mit Punk- oder Gothicelementen und tonnenweise Schminke im Gesicht. Doch sie fallen nicht nur durch ihre Erscheinung auf, die Musiker sind wahre Allroundtalente. So fungiert Mana bei seinem Projekt *Moi dix Mois* nicht nur als Gitarrist, er komponiert auch die Musik, entwirft Kostüme und agiert als allgemeiner künstlerischer Leiter *(www.midi-nette.com/mana/)*. Ebenso vielseitig ist *Alice Nine* *(www.myspace.com/alicenineofficial)*. Die Band, die zwei Plattenverträge abstauben konnte, schrieb auch den Titelsong zu einer populären Anime-Serie. Mit Industrial Rock rockt die Band *D'espairs Ray* die Bühnen *(www.despairsray.jp, Foto)*. Cool: Die harten Töne werden ab und an durch traditionelle japanische Klänge ersetzt. Im Hippodrom des *Yoyogi National Stadium* in Tokio *(2-1-1 Jinnnan, Shibuya-ku)* finden u. a. *VK*-Konzerte statt.

▶▶ COOL AN HEISSEN TAGEN

Klima-Lifestyle & viel Eis

Dem heißen japanischen Sommer wird der Kampf angesagt! So sorgt in der *Absolut Ice Bar Tokyo* (*4-2-4 Nishi-Azabu, Minato-ku, Tokio, www.icebartokyo.com, Foto*) klirrende Kälte und Eis für ein angenehm frostiges Ambiente! Die Air Conditioned Fashion aus der Kollektion Eco-Wear von *Kuchofuku* ist der coole Renner. Angetrieben von einem transportablen USB Port

kühlt ein Ventilator durch Luftzirkulation den Körper unter der Kleidung (*3-2-5 Toda, Saitama, www.rakuten.co.jp/pc2b*). Für einen angenehmen Schlaf ist eine Matratze mit Kühleffekt zuständig (*Kuchofuku: z.B. im Big Store, 12-18 Udagawacho, Shibuya-ku, Tokio*).

▶▶ DRINK DER STUNDE

Bier in allen Variationen

Bier ist in – besonders in neuen Formen und Konsistenzen! Mit den Diätbieren *Kirin Zero* (*www.kirin.co.jp, Foto*) oder *Sapporo Slim* (*www.sapporobeer.jp*) haben die Brauereien ins Schwarze getroffen. Neben den kalorienarmen *Happoshus* ist auch das Biergelee von *Yebisu* der Renner. Bierfans genießen das goldfarbene Gelee als Dessert oder Snack für zwischendurch. Das Bier zum Löffeln bekommt man u.a. im Biermuseum *Ebisu Mugishu Kinekan* (*Ebisu Garden Place, 4-20-1 Ebisu, Shibuya-ku, Tokio*) oder im gut sortierten *Tanakaya Liquor Shop* (*3-4-14 Mejiro, Toshima-ku, Tokio*).

▶▶ DESIGN À LA CARTE

Die neuen Must-haves

Technik entwickelt sich zum Mode-Accessoire! Der letzte Schrei in Sachen Imagepflege: schicker Edelsteinbesatz für *Casio G-shock mini* Uhren aus der Boutique *Ifca-G* (*8ifca-G, 1-6-11 Ginza, Chuo-ku, Tokio, www.ifca-g.com*). *Mitsubishi Materials* überzieht Visitenkarten mit Feingold (*5-1-1 Otemachi, Chiyoda-ku, Tokio, www.mmc.co.jp/goldcard*). Und der Juwelier *Estlat* motzt Memory Sticks nach Kundenwunsch luxuriös auf. Ob Steinchen oder Muster – der Kreativität sind keine Grenzen gesetzt (*5-18-13 Jingumae, Shibuya-ku, Tokio, www.estlat.co.jp*).

▶▶ SZENE

▶▶ OPEN MIND

Regenbogenbunte Szene

Homosexuelle wollen nicht mehr nur unter sich sein, sondern öffnen die Türen ihrer Lieblingslocations nun auch internationalem Publikum. Die Szene präsentiert sich global, modern und in Partylaune. In der Gay&Lesbian-Bar *Arty Farty* feiert japanisches und internationales Publikum gemeinsam. Das Interieur ist eine Mischung aus Bar und mediterraner Pizzeria *(Kytei Gebäude 2.Etage, Nichome, Shinjuku-ku, Tokio, www.arty-farty.net)*. Wer das Besondere sucht, wird in der Bar *GB* fündig: ein Traum aus Spiegeln und Chrom *(2-12-3 Nichome, Shinjuku-ku, Tokio)*. Auch das *Advocates Café* steht in Style und Toleranz den anderen Bars in nichts nach *(Tenka Gebäude Dai-7, 2-18-1 Shinjuku, Shinjuku-ku, www.advocates-cafe.com)*. „Women only" heißt es im *Kinswomyn*. Für ausländische Gäste hat Besitzerin Tara extra Englisch gelernt *(Daiichi Tenka Gebäude 3.Etage, 2-15-10 Shinjuku-ku, Tokio, www.tokyo.to/kinswomyn/index.html)*.

▶▶ INNOVATIVE KALLIGRAFIE

Zwischen Tradition und Moderne

Shodo, die Kunst des Schreibens mit Pinsel und Tusche, boomt! Junge Kalligrafen wie Takeda Soun, Kunishige Tomomi *(www.horipro.co.jp/talent/SC080)* oder Yabe Chosho überschreiten mit ihrer Kunst traditionell festgelegte Grenzen und gelten derzeit als Protagonisten der Szene. Takeda setzt in *Shodo-Performances* seine eigenwillige Kalligrafie mit Livesound auf der Bühne in Szene. Kunishige kreierte die neue Kunstform *Ee-Kanji*, die aus *Shodo* entstanden ist und unterschiedliche Sprachen und Schriftzeichen vermischt. Was z.B. auf den ersten Blick wie das Kanji-Schriftzeichen für „Love" aussieht, besteht in seinen Einzelteilen aus lateinischen Buchstaben seines englischen Wortes. Yabe Chosho führt als Künstlerin ein Atelier, in dem sie Ausstellungen und Workshops anbietet *(385 Imafuku, Kawagoe, Saitama, www.yabe-chosho.com)*.

> ## VON AMAE BIS UMAMI
Japaner sind verrückt nach Bildergeschichten, Vulkanbädern, Kugelfischen und Mobiltelefonen

AMAE

Kein Begriff umschreibt die japanische Seele treffender. Übersetzt bedeutet *Amae* in etwa: das Gefühl, an der Mutterbrust zu liegen. Übertragen ist es eine Art Urvertrauen, gut aufgehoben zu sein, zwanglos und ungehemmt. Amae kann man nur in einer engsten Gruppenbeziehung erreichen, einer Art innerer Zirkel ähnlich einem mystischen Bund.

Bild: Geishas mit Sonnenschirmen

Diese tief empfundene Vertrautheit spürt man in der Familie oder bei den Nachbarn, später in der Schule oder dem Club. Ohne *Amae* könnte ein Japaner vielleicht mit Frau und Kind leben, aber in seiner Firma niemals bestehen. Er braucht den festen Platz in der Gesellschaft. Das ist der Schlüssel zu vielen Eigenarten. Beispielsweise zu der offenen Ablehnung von Individualismus, der in diesem Land oft als Egoismus und Außenseitertum inter-

STICH WORTE

pretiert wird. „Auf einen Nagel, der hervorsteht, haut man drauf", heißt deshalb ein Sprichwort, das bereits Schüler lernen.

BONSAI

„Alles in Japan ist klein und am besten lässt sich das am Bonsai ermessen." Mal ehrlich: Denken Sie nicht auch so? Ein wenig haben Sie damit sogar Recht. Und es ist auch wahr, dass die Platznot in den Großstädten die Menschen zum Verzicht auf einen eigenen Garten zwingt. Aber Bonsai-Züchten ist vor allem eine Kunst, von der ganze Dörfer leben. Eine japanische Kiefer oder ein Mandarinenbäumchen im Miniformat als ein Reisesouvenir? Das ist eine nette Idee, die locker ins Handgepäck passt. Aber Vorsicht! Bei allem Zwergwuchs sind die Preise besonders für alte Bonsai stattlich.

FUGU

Eine Einladung zum Fugu-Essen hat einen scheinbar gefährlichen Beigeschmack. Dabei ist der Verzehr des Kugelfisches – zumindest im Spezialitätenrestaurant – mitnichten „japanisches Roulette". Es ist schon lange kein Fall mehr bekannt geworden, dass jemand an einer Fugu-Vergiftung gestorben ist. Nur Fischköche mit Sonderlizenz dürfen den kostspieligen Genuss überhaupt kredenzen. Sie haben jahrelang trainiert, mit dem Messer in keinem Fall die Leber und andere Eingeweide des Kugelfisches zu verletzen, die tödliches Tetrahydrotoxin enthalten können. Aber meist kommt ohnehin nur der kaum kontaminierte Toso-Fugu auf den Tisch.

GEISHA

Die meisten Touristen schwärmen von den Geishas, die sie in den malerischen Gassen von Kyoto fotografiert haben, und meinen eigentlich Maikos, Geisha-Auszubildende. In Kostüm und Make-up kommen die Maikos dem japanischen Schönheitsideal sehr nahe – ovales Gesicht mit kirschrotem Mund, Augenbrauen wie Halbmonde, die Haut makellos weiß, das Haar pechschwarz, ein sinnlicher, langer Hals und die in den Seidenkimono gehüllte Figur sanft gerundet.

Während die Geishas für Veranstaltungen – etwa in Teehäusern – gebucht werden, wird von den 16- bis 20-jährigen Geisha-Lehrlingen keine auserlesene Tanz-, Gesangs- oder gar Konversationskunst erwartet. Sie werden zum Anschauen gebucht und sind ein beliebtes Fotomotiv.

GENGO

Wundern Sie sich nicht, wenn Sie auf einem amtlichen Dokument oder einer Restaurantrechnung eine Jahres-

Der Fugu-Kugelfisch ist eine nicht ganz ungefährliche Delikatesse

STICHWORTE

zahl finden, die Sie nicht identifizieren können. Datiert wurde dann mit Sicherheit nach dem Gengo, dem so genannten Kaiserkalender. Wer 1950 das Licht der Welt erblickte, trägt in der Geburtsurkunde die Jahreszahl Showa 25 – benannt nach der Ära von Kaiser Hirohito. Als dieser am 7. Januar 1989 starb, ging das 64. Jahr Showa ("Leuchtender Friede") schon nach sechs Tagen zu Ende. Es begann die Amtszeit von Kaiser Akihito und damit die Ära Heisei ("Umfassender Friede"). Japan begann das neue Jahrtausend im 13. Jahr Heisei. Aber wenn Sie 2001 sagen, verstehen Sie auch die meisten.

MANGA

Sie machen bereits 40 Prozent aller Druckerzeugnisse in Japan aus: Mangas. Die japanische Variante eines Comics ist quer durch alle Schichten beliebt, es gibt Mangas für jedes Alter, zu jedem Thema und für jedwede sexuelle Orientierung. Und es gibt Untergruppen: Bei Jugendlichen unterscheiden sich die Comics für Mädchen *(Shojo)* von denen für Jungen *(Shonen)*, bei Erwachsenen die für Frauen *(Josei)* von denen für Männer *(Seinen)* – letztere können ziemlich pornografisch sein. Seit dem Jahr 2000 sind Mangas und Animes (Animationsfilme) in Japan als eigenständige Kunstform anerkannt. In Kyoto gibt es sogar eine Fakultät für Mangas mit angeschlossenem Museum.

MOBILVERRÜCKT

Das Handy ist wie ein Spiegel der Eitelkeiten: Als hätte sich ein hoch infektiöses Virus verbreitet, zieht jede Japanerin und jeder japanische Geschäftsmann beim Betreten eines Restaurants, in der U-Bahn und im Bus erst einmal das *Keitai*, das Handy, hervor und widmet sich neuen Botschaften, Nachrichten oder Spielen. Auch bei Gruppen und Paaren gilt das Grundprinzip: Dem Telefon gebührt Vorrang vor jeder Konversation.

MYSTIK

Freitag, der 13., kann einen Japaner nicht erschüttern. Hier herrschen andere Mystizismen. In Japan diktiert der *Rokki* – der Mondkalender – wichtige Entscheidungen. Der meistgefürchtete Tag ist der *Butsumetsu*. Nach dem chinesisch-japanischen Mondkalender gilt er, der wörtlich übersetzt "der Tod Buddhas" bedeutet, als ausgesprochener Unglückstag. Im 6-Tage-Rhythmus trübt er die Laune und bremst die Aktivitäten spürbar. Am *Butsumetsu*, so will es der Volksglaube, werden keine wichtigen Entscheidungen gefällt, keine Feiern veranstaltet. Selbstverständlich wird am *Butsumetsu* auch nicht gern geheiratet. Die meisten warten bis zum *Taian* – der Glückstag verspricht fünf- bis sechsmal im Monat beste äußere Umstände.

ONSEN

Japan liegt in vulkanisch aktiven Gebiet, deshalb sind die heißen Thermalquellen allgegenwärtig. *Onsen* ist die japanische Version einer Sauna. Man versteht darunter einen Thermalbadeort, der aus einer heißen Quelle gespeist wird. Das *Onsen* ist ein Ort der

Entspannung. Die Japaner achten sehr auf Sauberkeit, daher sollten Sie beim Besuch ein paar Regeln beherzigen, damit Sie nicht unangenehm auffallen: erst duschen, bevor Sie das Bad betreten. Seifenreste gründlich abspülen. Und nicht vergessen: Schuhe rechtzeitig auszuziehen!

SAMURAI

Es gibt schon seit fast 150 Jahren keine Samurai mehr, aber viele japanische Männer benehmen sich noch heute mit Vorliebe so, wenigstens in ihrer Phantasie. Die Geschäft, Geld und Gefühl verachtenden Mitglieder der Kriegerkaste verstanden sich als treue Erfüllungsgehilfen der Feudalherren, als ordnender Faktor und Elitekämpfer zugleich – das Wort leidet sich von *samurau* (dienen) ab.

Zum Selbstverständnis eines Samurai gehörte ein Ehrenkodex, der sich im Laufe von Jahrhunderten zum gesetzähnlichen *Bushido*, dem „Weg des Kriegers", verfeinerte und dessen Höchstform im rituellen Selbstmord *Seppuku* (im Westen meist *Harakiri* genannt) gipfelte. Die eigene Existenz wird als flüchtig betrachtet, dem Tod muss man gleichmütig ins Auge sehen.

SHINTOISMUS

Mit ihren Shinto-Göttern haben sich die Japaner prächtig arrangiert. Ohne deren Segen kann kein Haus eingeweiht und kein Vertrag unterzeichnet werden. Kein neues Taxi darf ohne Götterreinigung seinen ersten Passagier transportieren. Während das Christentum in Japan eine untergeordnete und der Islam keine Rolle spielt, ist der Buddhismus als gleichberechtigte „Zweitreligion" zuständig für alles, was mit dem Sterben zu tun hat. Das Leben jedoch ist Shintoismus.

Vor allem, wenn es ums Geld geht, wird kräftig gebetet und gespendet. Wer ein gutes Geschäft machen will, betet Inari an, der – ursprünglich als Gott des wichtigsten Nahrungsmittels Reis – heute zuständig ist für Reichtum. In den Zeni-arai Benten, den „Tempel der Geldwäsche" von Kamakura, pilgern jeden Tag Tausende, um Geld im Quellwasser zu waschen, das sich dadurch auf das Doppelte bis Hundertfache vermehren soll.

TENNO

Japans Kaiser ist weder ein regierender Monarch noch ein Staatsoberhaupt und auch kein lebendiger Gott, jedenfalls nicht mehr, seit Kaiser Hirohito 1945 auf diesen Anspruch verzichten musste. Die Verfassung beschreibt den Hüter des Chrysanthementhrons als „Symbol des Staates und der Einheit des Volkes". Weil keiner so recht weiß, was damit gemeint ist, wird die kaiserliche Rolle nach Gutdünken ausgelegt. Einig ist man sich darin, dass fast 2700 Jahre ununterbrochenes Kaisertum seit dem Urherrscher Jimmu (angeblich 660 vor unserer Zeitrechnung) und seinen bisher 124 Nachfolgern ein starker Beweis für die Kontinuität der japanischen Nation ist.

Öffentlich wahrgenommen wird der aktuelle Kaiser Akihito, der 1989 inthronisiert wurde und als erster Tenno mit einer Bürgerlichen verheiratet ist, äußerst selten. Zweimal im

> *www.marcopolo.de/japan*

STICHWORTE

Jahr, zu seinem Geburtstag am 23. Dezember und zu Neujahr, lässt er sich vom Volk bejubeln und gelegentlich nimmt er protokollarische Termine wahr und verreist zuweilen auch zu Staatsbesuchen.

richtig lecker *(umai)*, die pure Brühe fanden sie dagegen lasch. Die kleinen Japaner demonstrierten dabei instinktiv ihren Sinn für den so genannten fünften Geschmack (neben süß, sauer, salzig, bitter), der nach

Zweimal im Jahr darf der Palast des Tenno in Tokio besichtigt werden

Der Hof achtet streng darauf, dass der Tenno als „Mensch über den Wolken" kein Diskussionsthema ist.

UMAMI

Als der japanische Fernsehsender NHK in einer populären Kochsendung Kindern im Vorschulalter zwei Suppen vorsetzte, war das Urteil einstimmig. Kollektiv befanden die Kleinen, jene Variante, die einen zusätzlichen Geschmack aufwies, sei dem japanischen Wort für köstlich oder lecker *umami* getauft wurde.

Erstmals erkannt hat diesen Gaumenkitzel 1907 der Forscher Kikunae Ikeda, als er vor einer Brühe aus Seetang, Trockenfisch und Pilzen saß und sich darüber wunderte, wieso diese Suppe dem Sojabohnenquark einen besonderen Kick gab. Er fand heraus, dass die Substanz, die diese Geschmacksqualität ausmacht, Glutamat ist, eine der am weitesten verbreiteten Aminosäuren.

20 | 21

IM RAUSCH DER KIRSCHBLÜTE

Das größte Volksfest der Japaner steigt im Frühling

> Die meisten lokalen Feste sind landesweit bekannt und oft mit einer Prozession verbunden. Auch die nationalen Feste sind sehenswert – mit fotogenen Kimonos.

OFFIZIELLE FEIERTAGE

Japan hat 14 amtliche Feiertage. Arbeitsfrei sind zudem etliche Brückentage. Fällt ein Feiertag auf ein Wochenende, wird er am Montag nachgeholt. Hauptferien- und Reisezeiten (mit überfüllten Verkehrsmitteln) sind die *Goldene Woche* Anfang Mai, das Ahnengedenkfest *O-Bon* Mitte August und Kaisers Geburtstag Ende Dezember.

Insider Tipp: **1. Jan.:** *Neujahr;* **2. So im Jan.:** *Volljährigkeitstag:* Junge Leute ziehen in prächtiger Kleidung durch die Straßen; **11. Feb.:** *Staatsgründungstag;* **20. oder 21. März:** *Frühlingsanfang;* **29. April:** *Tag der Natur;* **3. Mai:** *Verfassungstag;* **5. Mai:** *Knabentag:* Familien mit Söhnen hängen Bambusstangen mit bunten Stoffkarpfen in den Wind, die Widerstandskraft und Ausdauer demonstrieren sollen; **20. Juli:** *Tag des Meeres;* **15. Sept.:** *Tag der Alten;* **23. oder 24. Sept.:** *Herbstanfang;* **2. Mo im Okt.:** *Tag des Sports;* **3. Nov.:** *Tag der Kultur;* **23. Nov.:** *Tag des Arbeitdanks;* **23. Dez.:** *Kaisers Geburtstag:* Die Kaiserfamilie zeigt sich auf einem Palastbalkon.

FESTE UND VERANSTALTUNGEN

Januar
Jahreswechsel (31. Dez.–3. Jan.): Man besucht Schreine, Verwandte und Geschäftspartner, macht Geschenke und speist üppig.

Februar
Setsubun (3. Feb.): In Tempeln und Schreinen wirft man zum Ruf „Geister raus, Glück ins Haus!" Bohnen in die Luft.

★ *Schneefestival (1. Februarwoche)* mit Eisnachbildungen berühmter Gebäude im Odori-Park von Sapporo
Fest der Nackten (3. Sa): Der Tempel Saidai-ji bei Okayama zelebriert ein Rei-

Aktuelle Events weltweit auf www.marcopolo.de/events

> EVENTS
FESTE & MEHR

nigungsritual, bei dem mit Lendenschurz bekleidete junge Männer Ruten fangen, die Priester in die Dunkelheit werfen.

März/April
Puppenfest (3. März): Kleine Mädchen erhalten Puppen, die den alten Hofstaat darstellen.
Kirschblüte (Ende März/Anf. April): Größtes Volksfest mit viel Essen, Trinken und Gesang

Mai
Sanja-Fest (16.–18. Mai): Rund 80 Tragschreine werden unter Trommeln und Rufen zum Asakusa-Schrein in Tokio transportiert.
Toshugu-Fest in Nikko (17.–18. Mai): 1000 als Samurai verkleidete Männer eskortieren Tragschreine, mit Bogenschießen zu Pferde.

Juli
Gion Matsuri in Kyoto (17. Juli): Festumzug der Geishas in prächtigen Prozessionswagen

Sumida- und *Rainbow-Fest* in Tokio *(3./4. Sa)* mit Feuerwerk am Sumida-Fluss

August
Fuji-Rockfestival (Anfang Aug.) in *Naeba:* trotz Eintritt von über 300 Euro ein Magnet für 250000 Fans.
Laternenfest des Kasuga-Schreins in Nara (15. Aug.): 3000 Lichter erhellen den Weg zum Schrein.
Totenfest O-Bon (um den 15. Aug.), bei dem nach buddhistischem Glauben die Ahnen zurückkehren

Oktober
Jidai Matsuri in Kyoto (22. Okt.): Zum Gedenken an die Stadtgründung 794 Bürgeraufzug in historischen Kostümen

November
Shichi-Go-San (Sieben, fünf, drei, 15. Nov.): malerisch ausstaffierte 3- und 7-jährige Mädchen sowie 5-jährige Jungen beten in Schreinen oder Tempeln um Segen. Am schönsten am Meiji-Schrein in Tokio

22 | 23

> MEHR ALS NUR SUSHI UND SAKE

Nippons Gastronomie hat sich dem Westen geöffnet –
und serviert von allem nur das Beste

> Wer die Besonderheiten der japanischen Esskultur richtig auskosten möchte, sollte bei einem typischen Frühstück beginnen. Miso-Suppe mit frischen Algen und Tofu, Reis, sauer eingelegtes Gemüse, gegrillter, aber kalter Fisch und grüner Tee sind ein Standardmenü.
Für Ausländer ist diese Mixtur zwar gewöhnungsbedürftig – sie spiegelt aber die Grundfesten der japanischen Küche wider, die lange nur das wenige verwenden konnte, was das karge Territorium des abgeschotteten Inselreiches hergab: Meeresfrüchte, Gemüse und Reis.

Diese spartanische und sehr eigenwillige Ernährung pflegen ältere und gesundheitsbewusste Japaner noch heute, und dank ihrer hat Japans Bevölkerung die höchste Lebenserwartung unter allen Ländern der Erde. Seit dem Wirtschaftswunder aber ist Nippons Gastronomie faktisch explodiert und hat sich dem Westen ge-

Bild: Von jedem etwas – Kaiseki-Küche

ESSEN & TRINKEN

öffnet. Auf keine kulinarische Geschmacksrichtung oder regionale Küche muss man verzichten. Allein in Tokio hat man die Auswahl unter rund 160 000 Restaurants, und mit dem Hang der Japaner zu Perfektion und Leichtigkeit schmecken viele Gerichte in Japan zuweilen besser als in den Ursprungsregionen. Dafür erhielt Tokio im jüngsten Michelin-Führer mit 191 Sternen die meisten in der Welt – mehr als Paris.

Kulinarisch betrachtet ist Japan in jedem Fall aufregend und abenteuerlich, wenn man die heimischen Spezialitäten probiert. Sie bieten eine überraschend große Auswahl von rustikalen und preiswerten Nudelsuppen, bis zum aristokratischen Kaiseki. Mit Ausnahme exklusiver Restaurants folgen die meisten Lokale der netten Sitte, eine Plastiknachbildung ihrer Speisen mit Preisangabe im Schaufenster auszustellen.

Allerdings sehen die Portionen im Modell meist größer aus.

Die Hauptrolle in der japanischen Küche spielt Fisch. Klassiker sind Sushi oder Sashimi, beides mit rohem Fisch und bereits weltweit geschätzt. Den frischesten Fang gibt es naturgemäß auf dem Tokioter Fischmarkt, dem größten der Welt. Ab 5.30 Uhr sind dort mehr als 400 Restaurants, Imbissbuden und Geschäfte geöffnet.

Für die japanische Haute Cuisine steht Kaiseki. Dieses aufwendige Genusserlebnis besteht aus einer Vielzahl kleiner Leckerbissen und ver-

> SPEZIALITÄTEN
Genießen Sie die typisch japanische Küche!

SPEISEN

Kaiseki – das Feinste von allem: kleine Leckerbissen der Saison, ein Genuss auch für die Augen

Ramen – chinesische Nudelsuppe mit Fleisch, Gemüse, Miso oder Sojasoße

Shabu-Shabu – hauchdünn geschnittenes Fleisch, Gemüse, Pilze und Tofu gart sich der Gast im Kupferkessel in heißer Brühe, dazu gibt es eine Erdnuss-Sesam- oder Essig-Soja-Soße

Soba – japanische Nudeln aus Buchweizen, entweder als warme Suppe in Sojabrühe oder kalt in Sojasoße getaucht

Sukiyaki – hauchdünne Rindfleisch-

scheiben und Gemüse kochen im Eisentopf in Sojasoße und Reiswein und werden mit einem Ei verquirlt

Sushi, Sashimi – roher Fisch (Foto) auf kalten, essiggesäuerten Reisbällchen *(sushi)* oder solo *(sashimi)*

Tempura – Fisch und Gemüse im Teigmantel heiß aus dem Frittiertopf, dazu wird eine spezielle Soße gereicht

Teppanyaki – Filetsteak, direkt vorm Gast auf heißer Herdplatte gebraten und mundgerecht zerteilt; wird in Sojasoße mit Meerrettich getunkt

Tonkatsu – paniertes Schweineschnitzel mit spezieller Soße, klein geschnittenem Kohl und Senf

Udon – dickere und weichere Nudelvariante aus Weizenmehl

Yakitori – Hühnerfleischstückchen auf Bambusspießen, mit Zwiebeln oder Paprika über offenem Feuer gegrillt und mit Soße bestrichen

GETRÄNKE

Bier – Lieblingsgetränk in Japan, die bekannten Marken Asahi, Kirin, Suntory und Sapporo schmecken auch europäischen Kennern

Grüner Tee – wird heiß oder kalt, neuerdings auch mit Milch, Zucker oder Zitrone getrunken

Sake – Reiswein, nach Jahreszeit warm oder kalt und am liebsten pur getrunken

Shochu – 20- bis 45-prozentiger Schnaps, aus Reis und Süßkartoffeln gebrannt. Wird auch mit Wasser oder Soda und Zitrone getrunken

ESSEN & TRINKEN

körpert die drei Ideale der japanischen Küche – guten Geschmack, dekoratives Anrichten und erlesenes Geschirr – und gilt deshalb als Krönung der einheimischen Kochkunst.

Fleisch kam wegen der isolierten Insellage und wohl auch aus religiösen Gründen lange Zeit kaum auf den Tisch. In den zurückliegenden Jahrzehnten haben Japaner jedoch ausgiebig ganz eigene Köstlichkeiten wie Teppanyaki, Shabu-Shabu und Sukiyaki entwickelt. Sehr gut schmeckt besonders das marmorierte japanische Rindfleisch, meist Kobe-Beef genannt. Leider ist es extrem teuer.

Ein besonderes und international wenig bekanntes Kapitel der japanischen Küche sind Nudeln. Viele Japaner sind „süchtig" nach Soba, Udon oder Ramen, und sie essen diese meist in Brühe angerichteten Teigwaren zu jeder Tageszeit. Viele Nudellokale sind selbst nachts geöffnet. Es gibt sie in fast jeder Straße, und alle sind preiswert.

Die Skala der Preisgestaltung ist mitunter sehr abenteuerlich und kann zu Bauchschmerzen führen, da Japaner für gutes Essen auch Unsummen ausgeben. Wer preisgünstig essen gehen möchte, sollte dies mittags tun. Vor allem in Großstädten wie Tokio und Osaka (weniger in Touristenzentren wie Kyoto) haben der gigantische Wettbewerb und die lange Wirtschaftskrise zu preisgünstigen so genannten Lunch-Sets geführt. Abends steigen die Preise in denselben Restaurants leicht um das Dreifache. Das ist Tradition, weil abends oft auf Firmenkosten gespeist wird.

Auch bei Getränken ist Japan international – vom französischen Mineralwasser bis zum deutschen Bier finden Sie hier alles. Auch beim Alkohol wurde das Angebot in den zurück liegenden Jahren stark internationalisiert – die Auswahl an Wein

Der Koch präsentiert Leckereien der Kaiseki-Küche

und Spirituosen lässt (in Großstädten) kaum noch Wünsche offen, die Preise sind moderater geworden. Bier ist neben Sake längst das Lieblingsgetränk und überall, selbst in der kleinsten Dorfkneipe, zu haben.

VON ALLEM DAS BESTE

Japan ist ein Konsumparadies –
vor allem Elektronik, Kameras und Kosmetik lohnen

> Shoppen in Japan ist Weltspitze: Angebot, Service, Qualität und kundenfreundliche Öffnungszeiten stimmen – alle großen Geschäfte haben am Wochenende bis 20 Uhr geöffnet. Wenn nur die vielen Nullen auf den Preisschildern nicht wären – das Konsumparadies ist sündhaft teuer.

ELEKTRONIK, KAMERAS

Mekka für Technik-Fans ist der Tokioter Stadtteil Akihabara, wo mehr als 600 Kaufhäuser und Fachgeschäfte jede Art von Elektronik anbieten, wie es sie oft in Europa noch gar nicht gibt: vom Computer über Digitalkameras bis zum Videospiel. Spezielle Ketten wie *Laox* bieten zollfreie und auf ausländische Normen zugeschnittene Modelle. Achten Sie bitte unbedingt auf Exportgeräte mit 220 Volt und PAL-Norm. Japanische Handys funktionieren in Europa gar nicht. Im Stadtteil Shinjuku bietet das Warenhaus *Yodobashi* mit 30 000 Artikeln das größte Angebot an Fototechnik und Büroelektronik. Auch *BIC Camera* nahe der Ginza ist eine Top-Adresse.

GLÜCKSBRINGER

Japaner sind abergläubisch und lieben deshalb Glücksbringer. Beeindruckend ist das Angebot in den Tempeln. Dort können sich die Besucher Lucky-charms-Ketten für so ziemlich jede Gelegenheit kaufen: für die nächste Prüfung, für gute Gesundheit, Glück in der Liebe, unfallfreies Fahren und vieles mehr.

KLEIDUNG

Neben T-Shirts mit Sushi-Menüs oder witzigen Kanji-Schriftzeichen sind vor allem die leichten *Baumwoll-Yukatas* (Sommerkimonos) Bestseller. Sehr gefragt sind die dunklen *Seiden-Haori-Jacken*, die Nippons Elitemänner an Festtagen über ihren Kimonos tragen. Empfehlenswert sind Kimonogürtel *(obi)*, die auch als Tischläufer äußerst dekorativ einsetzbar sind. Recht preiswert sind auch gebrauchte Hochzeitskimonos.

KUNST

Zu den beliebtesten Souvenirs gehören alte Holzschnitte *(ukiyoe)*. Von ihnen

> EINKAUFEN

ließen sich auch europäische Maler wie Vincent van Gogh inspirieren. *Ukiyo-e* bedeutet „Bilder der fließenden Welt" und steht damit nur für Szenen aus der Edo-Zeit mit Kurtisanen, Theatern oder Geisha-Häusern. Über die Landesgrenzen berühmt sind die romantischen Landschaftsbilder der Künstler Ando Hiroshige (1779–1858) und Katsushika Hokusai (1760–1849). Originaldrucke, in Kunsthandlungen zu haben, sind allerdings sehr teuer. Von allen berühmten Bildern sind aber preiswerte Kunstdrucke in sehr guter Qualität erhältlich.

KUNSTHANDWERK

Japanisches Papier (washi) gilt als das feinste handgeschöpfte Papier der Welt. Das Angebot in Spezialgeschäften und Warenhäusern reicht von Geschenkpapier über Briefbögen in leuchtenden Farben bis hin zu bunten Schachteln und kunstvollen Faltarbeiten *(origami)*. Traumhaft sind die Lackwaren *(shikki)*. Diese aus China übernommene Technik haben Japans Handwerker zu einer unbestrittenen Meisterschaft entwickelt. Zu den Objekten gehören Gebrauchsgegenstände wie Suppen- oder Reisschalen, Tabletts und Essstäbchen, aber auch Möbel und Ziergegenstände. Exquisite Lackwaren mit bis zu 60 Lagen aus den Hochburgen Kyoto oder Wajima, wo viel mit Silber- bzw. Goldstaub verarbeitet wird, sind sehr teuer. Doch es gibt auch erschwingliche Einzelstücke wie Stäbchen, Tabletts oder Sakebecher. Einen ausgezeichneten Ruf besitzt auch die japanische Keramik, die mit einer schlichten Ästhetik besticht. Durch die Entwicklung der Teezeremonie ab ca. 1333 wurden vor allem Trinkschalen zu begehrten Sammlerstücken. Hübsche Souvenirs sind japanische Puppen, die allerdings nur zum Anschauen taugen. Die Damen tragen kunstvolle Frisuren und edle Kimonos, die Männer sind wie Samurai gekleidet. Besonders groß ist das Angebot zum ==Puppen- oder Mädchentag am 3. März==, wenn alle Kaufhäuser den auf schwarzen Lacktreppen angeordneten Hofstaat des Kaiserpaares als Puppenensemble anbieten.

Insider Tipp

28 | 29

> HEIMAT DER HEISSEN QUELLEN UND VULKANE

Keine Enge, keine Hektik: Japans Norden bietet Natur pur

> Wer in Japans Norden reist, fährt scheinbar in eine andere Welt. Relativ leere Straßen, viel Natur und vor allem die geringere Einwohnerzahl unterscheiden den nördlichen Teil der Hauptinsel Honshu, das so genannte Tohoku, sowie die nördlichste Hauptinsel Hokkaido von den meisten anderen Landesteilen.

Die Naturschutz- und Skigebiete sind weitläufig, abwechslungsreich und erholsam. Hokkaido nimmt mehr als ein Fünftel der Gesamtfläche Japans ein, wird aber nur von fünf Prozent der Gesamtbevölkerung bewohnt.

AIZU-WAKA-MATSU

[133 D2–3] Die Stadt war einst das Machtzentrum der einflussreichen Matsudaira-Sippe, die auf der Seite des Shoguns 1867 gegen die kaiserlichen Truppen antrat. Nach der Niederlage ging Aizu-Wa-

Bild: Tsuruga-Burg in Aizu-Waka-Matsu

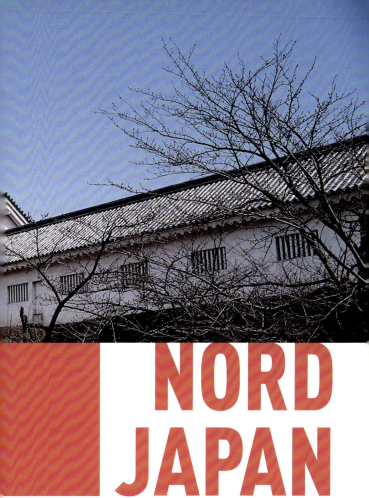

NORD JAPAN

kamatsu 1868 in Flammen auf. Legendär ist der kollektive Selbstmord von Samurai-Söhnen. Er trifft noch heute die lokalpatriotische Befindlichkeit der Einwohner von Aizu-Wakamatsu.

SEHENSWERTES

SAMURAI-HAUS BUKE-YASHIKI

Der imposante Nachbau eines Samurai-Hauses mit 35 Räumen. *April–Nov. 8.30–17, Dez.–März 9–16.30 Uhr | Eintritt 850 ¥ | Bus ab Bahnhof Higashiyama Onsen*

TSURUGA-BURG

Die einst stärkste Festung Japans, die mehr als 600 Jahre das Herz der Stadt war, wurde 1868 zerstört. 1965 hat man den zentralen Burgbau rekonstruiert; er beherbergt heute ein Heimatmuseum *(tgl. 8.30–16.30 Uhr | Eintritt 400 ¥ | Bus ab Bahnhof bis Tsuruga-jo kitaguchi)*. Auf dem

30 | 31

AOMORI

Burggelände befindet sich auch ein 400 Jahre altes Teehaus, das der Zerstörung der Burg entging. *Tgl. 10–15 Uhr | Eintritt 200 ¥, Kombinationsticket mit Burg 500 ¥*

ESSEN & TRINKEN

SHIBUKAWA DONYA
Altjapanisches Restaurant. Lokale Spezialitätenmenüs aus Trockenfisch und Hering. Angeschlossen ist ein

AOMORI

[130 C5] Bekannt wurde die Hauptstadt (288 000 Ew.) der gleichnamigen Präfektur durch archäologische Funde aus der Jomon-Zeit sowie durch den Seikan-Tunnel, den längsten Unterseetunnel der Welt, der seit 1988 Kap Tappizaki (60 km nördlich) mit Hakodate auf Hokkaido verbindet. Berühmt ist auch das Fest ==Nebuta-Matsuri== (2.–7. Aug.), bei dem ge-

Mit bunten Masken und Festwagen geht es zu Nebuta-Matsuri duch Aomori

kleiner Ryokan. *3-28 Nanoka-machi | Tel. 0242/28–40 00 | €*

AUSKUNFT

Im Bahnhof | Tel. 0242/32–06 88 | Aizu-Wakamatsu City Sightseeing | Tel. 0242/39–12 51 | www.city.aizu wakamatsu.fukushima.jp/e/kanko/ kokusai-kanko/index.htm

schmückte Festwagen durch die Straßen fahren. Hauptsehenswürdigkeit ist die 21 m große Freiluft-Buddha-Statue *Showa Daibutsu. Auskunft: City Hall | Tel. 0177/34–11 11.* Fragen Sie nach der ==Aomori Welcome Card==, die in Hotels, Restaurants und Verkehrsmitteln Rabatte gewährt. *www.city.aomori.jp/english*

> **www.marcopolo.de/japan**

NORDJAPAN

◼ ZIEL IN DER UMGEBUNG ◼

TOWADA-HACHIMANTAI-NATIONALPARK ⭐ [130 C5]

Eine der letzten Wildnisse Japans mit Vulkanen, dampfenden Geysiren, brodelnden Schlammteichen, dem Kratersee Towada und dem vulkanischen Plateau Hachimantai. Der *Iwate-Berg* (2038 m) wird als „Fuji des Nordens" verehrt, auch wenn er mit seinen zwei Gipfeln dem Original nicht ähnelt. Das *Tamagawa-Onsen* auf dem Hachimantai-Plateau gilt mit extrem heißem, säurehaltigem und leicht radioaktivem Wasser als eine der besten Heilquellen Japans. Zur Laubfärbung im Herbst kommen Busladungen mit japanischen Touristen in die beliebte Wandergegend. Der Ort *Hachimantai Chojo* ist Hauptausgangspunkt für Ausflüge. Vom Bahnhof Morioka (per Bahn ab Aomori zu erreichen) fahren Busse nach Hachimantai Cho *(2 Std. Fahrt, nicht im Winter | 1320 ¥ | www.hachimantai.jp).* Touristeninformation am JR-Busbahnhof | Tel. 0177/23–16 21

SADO

[132 C2] **Der größte Reiz dieser Insel liegt in der gemächlichen Lebensart ihrer Bewohner in den abgelegenen Fischerdörfern.**
Daneben lockt alljährlich (meist in der dritten Augustwoche) das „Fest der Erde" mit drei Tagen Trommeln und Tanz. Berühmt sind die Kodo-Trommler des Dorfes Ogi, die acht Monate des Jahres auf Tournee sind *(Abendkarte ca. 4000 ¥ | günstigere Pauschalangebote über den Veranstalter | Tel. 0259/86–36 30 | www.kodo.or.jp/ec/).* Rechtzeitig reservieren. Übernachten Sie im Ryokan-Hotel *Yoshidaya* mit Meerblick und Onsen *(70 Zi. | 261-1 Ebisu | Sado Island, Niigata | Tel. 0259/27–21 51 | Fax 23–44 88 | www.japaneseguesthouse.com/db/niigata/yoshidaya.htm | €).* Auskunft: Tourist Information Center | Niigata Station Bandai Exit | Tel. 025/241–79 14

Von Niigata verkehren Fähren nach Ryotsu: *Jetfoil | 1 Std. Fahrzeit, 10 730 ¥ retour | andere Fähren 135 min. Fahrzeit, 2060 ¥ pro Strecke*

SAPPORO

[130 C3] **Die kosmopolitische Hauptstadt (1,7 Mio. Ew.) von Hokkaido, durch die Olympischen Winterspiele 1972 und die Fußballweltmeisterschaft 2002 weltbekannt, imponiert durch freundliche Bewohner und großzügige Architektur.**
Keine andere Stadt Japans ist so übersichtlich angelegt und von so viel Natur umgeben.

Das Wahrzeichen und guter Orientierungspunkt ist der *Glockenturm,* der erste Holzbau im westlichen Stil. Im Innern befindet sich ein kleines *Heimatmuseum (Di–So 9–17 Uhr |*

MARCO POLO HIGHLIGHTS

⭐ **Towada-Hachimantai-Nationalpark**
In der Nähe von Aomori lockt eine der besten Heilquellen Japans
(Seite 33)

⭐ **Matsushima-Bucht**
Von berühmten Dichtern besungen: die malerische Bucht in der Nähe von Sendai (Seite 37)

32 | 33

SAPPORO

Eintritt 200 ¥). Nicht zu verfehlen ist die größte Allee, der *Odori-Park,* der sich 105 m breit von Ost nach West durch die Stadt zieht. Hier findet Anfang Februar das jährliche *Schneefestival* statt. Dann entsteht eine bizarre Welt mit Eiskopien architektonischer Berühmtheiten.

ESSEN & TRINKEN

21 CLUB ❄

Eines der schicksten Restaurants am Ort mit herrlichem Blick vom 25. Stock. Spezialität Teppanyaki. *Tgl. | Novotel-Hotel | 25 F, Minami 10-jo, Nishi 6 | Tel. 011/561-10 00 | www. novotelsapporo.com | €€*

SAPPORO BEER GARDEN

Riesige Bierhalle der heimischen Großbrauerei. Beliebt sind Grillbüfetts, bei denen Sie innerhalb von 100 Minuten zu einem Festpreis so viel essen und trinken können, wie Sie mögen. *Tgl. | Kita 7, Higashi 9 | Tel. 011/742–15 31 | €*

ÜBERNACHTEN

HOTEL NEW OTANI SAPPORO

340-Zimmer-Luxushotel mit modernster Ausstattung. *1-1 Nishi, Kita 2, Chuo-ku | Tel. 011/222-11 11 | Fax 222-55 21 | www.newotani.com | €€*

HOTEL NOVOTEL

Designerhotel in guter Lage mit bestem Service. *230 Zi. | Minami 10-jo, Nishi 6 | Tel. 011/561-10 00 | Fax 521-55 22 | www.novotelsaporro.com | €€*

AUSKUNFT

Ein „Sapporo Stadtführer" ist erhältlich bei *Sapporo Tourismusinformation | JR-Bahnhof | Tel. 011/209–50 20*

❯ BLOGS & PODCASTS

Die besten Files und Tagebücher im Netz

❯ *www.kilian-nakamura.de* – Große Themenauswahl wie Technologie & Gadgets, Marketing & Werbung, Mode & Lifestyle, Presseberichte

❯ *www.lifeinjapan.de* – Viele Eintragungen über Unterhaltung, Essen, Reisen, Kultur, Wirtschaft & Gesellschaft

❯ *bigalsjlog.blogspot.com* – Kritische Alltagsbeobachtungen mit weiteren interessanten Links

❯ *soldat0815.blog.de* – Michael S. lebt „irgendwo zwischen Tokio und Berlin": Sehr individuelle Sicht auf Japan, nicht immer ernst zu nehmen

❯ *www.podcast.de/podcast/541/ Kilians_Podkost* – Deutscher Podcast über Leben und Arbeiten in Tokio – Kulturelles, Banales, Witziges

❯ *www.podcastdirectory.com/pod casts/74* – Abwechslungsreiche Themen in Englisch, meistens sehr aktuell aufgemischt

❯ *www.podcastdirectory.com/pod casts/299* – Zweisprachiges Programm (Englisch/Japanisch)

❯ *www.podcastdirectory.com/pod casts/1377* – Gelegenheit mit Japanern, die ihr Englisch verbessern wollen, ins Gespräch zu kommen

Für den Inhalt der Blogs & Podcasts übernimmt die MARCO POLO Redaktion keine Verantwortung.

NORDJAPAN

SAPPORO CITIZEN CONTACT CENTER
Das Contact Center befindet sich gegenüber vom Glockenturm | *Tel. 011/222–48 94* | *www.welcome.city. sapporo.jp/english*

der am See gelegenen Stadt *Toyako* der jährliche G8-Gipfel statt. In dem Thermalbadeort am Südufer des Sees befindet sich auch das touristische Zentrum der Region. Mehrere Hotels haben öffentliche Quellen *(Eintritt 500–1000 ¥)*. Von hier verkehren zwischen Mai und Oktober Touristenboote auf dem See.

Ganz ungefährlich ist die Gegend aber nicht: Der Vulkan *Usu* ist noch aktiv, der letzte Ausbruch war im Jahr 2000. Mehrere tausend Anwohner mussten damals die Region verlassen. Im *Toyako Visitor Center* informiert ein gut gestaltetes Vulkan-

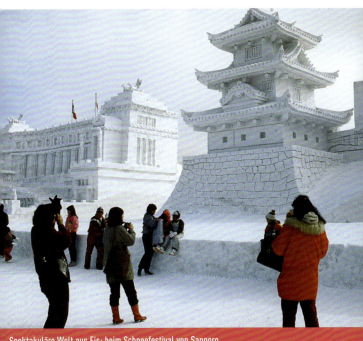

Spektakuläre Welt aus Eis: beim Schneefestival von Sapporo

ZIEL IN DER UMGEBUNG
SHIKOTSU-TOYA-NATIONALPARK [130 C3]
Nur 30 km entfernt von Sapporo liegt dieser 983 km² große Nationalpark. Die gute Verkehrsanbindung an Sapporo und den Chitose-Flughafen machen den Nationalpark zum beliebten Ziel für Kurzreisen. Zu seinen Attraktionen gehört der *Toya-See*. Der Vulkansee zählt zu den schönsten Landschaften Japans – 2008 fand in

34 | 35

SENDAI

museum mit 3D-Multi-Vision Theater anschaulich über den brodelnden Berg *(tgl. 9–17 Uhr außer Silvester und Neujahr | 600 ¥ | Tel. 0142/75–2555 | www.toyako-vc.jp).* Zu bestaunen ist auch Japans jüngster Vulkan, der erst 1943 geformte *Showa Shin-zan.* Vom Bahnhof Toya *(Tel. 0142/75–24 46)* verkehren Busse zum rund anderthalb Stunden entfernten

>LOW BUDGET

> Camping auf Hokkaido: Japans nördlichste Hauptinsel verfügt über 254 preiswerte Campingplätze an den besten Plätzen *(www.visit-hokkaido. jp/en).* Zu den jüngsten gehört das *Satsunai-River-Camp,* wo man auch Bungalows mieten kann: *Minami-Satsunai, 713, Nakatsunai | Tel/Fax. 0155/69–43 78*

> Günstig und gut: Das *Pila Matsushita Okumatsushima Youth Hostel* liegt idyllisch in einem Pinienwäldchen. Mit dem Zug bis Nobiru, über die Brücke und geradeaus, bis ein Schild nach rechts weist. *Tel 0225/88 22 20 | www.jyh.or.jp*

> Leckeres Nigiri (sehr beliebte Sushi-Variante) gibt es – sechs Stück für umgerechnet etwa sieben Euro – im *Matsushima Sushikou | Mo–Do | gegenüber vom Bootsanlageplatz in der kleinen Straße rechts neben dem Weinladen*

> Fast geschenkt ist eine Tour mit dem *Shuttle-Bus um den Toya-See.* Die Fahrt kostet 100 Yen/Tag, es gibt 18 Stopps rund um den Kratersee. *Donan-Bus | Tel 0142/75–23 51 | Touren von 21. Jan.–21. Febr., 20. Juni–15. Aug., 15.–20. Okt.*

Noribetsu, dem bei Japanern beliebtesten Thermalbad Hokkaidos *(Noribetsu onsen | www.takimotokan.co.jp).*

WINDSOR TOYA RESORT & SPA

Das Tagungshotel des G8-Weltwirtschaftsgipfels 2008 liegt auf einem Berg zwischen dem malerischen Toya-See und dem Pazifik. Der Blick von hier ist atemberaubend. Die Atmosphäre im Inneren ist eine gelungene Mischung aus kosmopolitem Stil und traditioneller japanischer Eleganz. *398 Zi. | Shimizu Toyakocho Abutagun | Tel. 81/142 73 11 11 | Fax 142 73 11 14 | www.windsor-hotels. co.jp | €€€*

SENDAI

[133 E2] **Die größte Stadt Tohokus (100 000 Ew.) hat im Zweiten Weltkrieg schwere Zerstörungen erlitten.** Rekonstruiert wurde das *Mausoleum des Stadtgründers Masamune Zuihoden (tgl. 9–16.30, Nov.–März 9–16 Uhr | Eintritt 550 ¥ | ab Bahnhof mit dem Loople-Bus bis Haltestelle 4).*

■ ESSEN & TRINKEN ■
SENDAI KAKITOKU

Berühmte Spezialität sind Austern aus der Miyagi-Präfektur. *Mo geschl. | 4-9-1 Ichiban-cho | Tel. 022/222–07 85 | €€*

■ ÜBERNACHTEN ■
HOTEL SUNROUTE SENDAI

Modernes Geschäftshotel mit Nichtraucherzimmern, auch Einzelzimmer. *173 Zi. | 7 Restaurants | 4-10-8 Chuo | Aoba-ku, Sendai-City | Tel. 022/262–23 23 | Fax 264–43 03 | www.sunroute.jp | €*

NORDJAPAN

▮AUSKUNFT▮
SENDAI TOURIST INFORMATION CENTER
JR Sendai Station | 1-1-1 Chuo, Aoba-ku | Tel. 022/222–40 69 | Fax 222–32 69

▮ZIEL IN DER UMGEBUNG▮
MATSUSHIMA-BUCHT ★   [133 E2]
Eine der „drei schönsten Ansichten" Japans. Vor dem kleinen Ort 20 km berühmtesten Dichtern des Landes besungen wurde. Leider ist die Destination entsprechend stark überlaufen. Fahren Sie mit der Bahn bis Shiogama oder Matsushima-Kaigan. Von dort erreichen Sie die Anlegestellen der Rundfahrtboote.

Fünf Minuten zu Fuß vom Bahnhof Matsushima-Kaigan führt eine von Japan-Zedern gesäumte Allee

Eines der 260 Inselchen vulkanischen Ursprungs in der Matsushima-Bucht

nordöstlich von Sendai erstreckt sich eine imposante Bucht mit über 260 kiefernbestandenen Inselchen. Die meisten sind vulkanischen Ursprungs und wurden vom Meer ausgewaschen. Oft ragen nur die Bergspitzen mit bizarr geformten Bäumen über das Wasser. Die außergewöhnliche Szenerie besucht jeder Japaner irgendwann einmal, zumal sie von den zum *Zuiganji*, einer der schönsten und wichtigsten Zen-Tempelanlagen im Norden mit religiösen Kunstschätzen aus der Gründerzeit im Jahr 827. Sehenswert sind besonders die bemalten Wandschirme und Schnitzereien in der Haupthalle. *April–Sept. tgl. 8–17, ansonsten 8–15.30 Uhr | Eintritt 700 ¥ | Auskunft: Tel. 022/354–26 18*

36 | 37

> WIRTSCHAFTSZENTRUM UND POSTKARTENIDYLLE

Außer dem hektisch-modernen Tokio erwarten Sie die Japanischen Alpen und historische Sehenswürdigkeiten

> Japans Osten mit der gigantischen Hauptstadt Tokio ist das wirtschaftliche und politische Zentrum des Landes. Nahtlos grenzen die Großstädte Yokohama und Kawasaki sowie die Präfektur Chiba mit dem Flughafen Narita an die Hauptstadt. Fast 40 Mio. Menschen wohnen im Umkreis von ca. 50 km in dieser Megalopolis, der größten Metropolregion der Welt. Ein Viertel der Gesamtbevölkerung des Inselreiches lebt und arbeitet hier. Glücklicherweise gibt es als Ausgleich zu dieser betriebsamen Welt noch Natur- und Kulturoasen wie Kamakura, Nikko und das Fuji-Gebiet.

Das zentraljapanische Kernland erleben viele allenfalls aus den Fenstern des Shinkansen-Zuges auf der Fahrt nach Kyoto. Bei 250 km/h rauscht an ihnen eine unendlich scheinende Kette von Industrieanlagen und langweiligen Dörfern vorbei. Abseits aber liegt mit dem Ise-

Bild: Ise-jingu-Schrein, das größte Heiligtum des Shintoismus

OST- UND ZENTRALJAPAN

jingu-Schrein das Herzstück shintoistischer Mythologie, der Wallfahrtsort für jeden Japaner.

Alpinismus auf Japanisch? Auch das ist möglich. Weniger bekannt als der Fuji, aber genauso spektakulär ist jene Bergkette, die sich von Nagano aus nach Südwesten über den Rücken der Insel Honshu zieht: die Japanischen Alpen. Zwölf Dreitausender, tiefe Schluchten und beeindruckende Landschaften warten auf Berg-Fans.

HAKONE

[138 C5] Die phantastische Sicht auf den majestätischen Fuji macht den Reiz der Touristenhochburg Hakone aus, die zudem mit Thermalbädern, Wanderwegen und allerlei Erholungsangeboten aufwartet. Hierher kommt man, um sich zu erholen. Eine Tour auf dem Ashi-See gefällt vor allem Kindern – die als Piratenboote dekorierten Schiffe erinnern stark an Disneyland.

38 | 39

KAMAKURA

Interessant ist eine Tagestour mit dem „Romance Car" der Odakyu-Bahnlinie ab Tokio-Shinjuku bis Hakone-Yumoto (90 Min). Weiter geht es mit der Hakone-Tozan-Bahn bis Gora (30 Min.). Diese Gesellschaft bietet auch den günstigen „Hakone Free Pass" an, mit dem die Züge und Busse beider Linien während eines Tages ebenso benutzt werden können wie die Hakone-Seilbahn, und die Ausflugsdampfer *(www.odakyu.jp/ english, www.hakone.or.jp).*

Gemeinsames Badevergnügen in einem der Thermalbäder von Hakone

■ SEHENSWERTES

HAKONE-SCHREIN

Gut erhalten ist der *Hakone-jinja,* 757 von dem Priester Mangan gegründet, dessen rotes Tor zum See hinüber leuchtet. Sie erreichen ihn über einen mit Zedern gesäumten Uferweg *(tgl. 9.30–16 Uhr).* In nächster Nähe passiert man die *Seki-sho,* eine Zollstelle der Edo-Zeit (1600–1868) an dem berühmten Tokaido, der Fernstraße Tokio-Kyoto. Das rekonstruierte Haus birgt ein Museum zur Geschichte der Straße.

■ ESSEN & TRINKEN

MAMA-NOMORI TAMURA-TEI

An der Nordseite des Yamanaka-Sees gelegen, bietet das Haus die schönsten Ansichten des Fuji – und hervorragende Kaiseki-Gerichte unter einem romantischen Strohdach. *Tgl. | Tel. 0555/62–03 46 | www.tamura tei.com | €€*

■ ÜBERNACHTEN

FUJIYA

Nahe Miyanoshita-Bahnhof, am Wochenende gibt es spezielle Ermäßigungen für Ausländer. *146 Zi. | 3-5-9 Mijanoshita, Hakone-machi, Ashigarashimo-Gun, Kanagawa 250-0404 | Tel. 0460/2–22 11 | Fax 2–22 10 | www.fujiyahotel.co.jp | €€*

■ AUSKUNFT

HAKONE TOURIST INFORMATION SERVICE

Hakone-machi Kankou Bussankan | Yumoto, Hakone-machi, Ashigara | Tel./Fax 0460/58–911 | www.hakone. or.jp

KAMAKURA

 KARTE
AUF SEITE 140

[139 D5] Historische Tempel, Schreine, Denkmäler und Gebäude sowie reizvolle Wanderwege machen diese Stadt im Nordwesten der Miura-Halbinsel zu einem netten, nur knapp eine Bahnstunde von Tokio entfernten Tagesausflugsziel. In dem einstigen politisch-militärischen

> www.marcopolo.de/japan

T- UND ZENTRALJAPAN

Zentrum Japans (1192–1333) erlebte der Zen-Buddhismus eine erste Blüte, von der noch viele Zeugen künden. Außer den genannten Tempeln sind die schönen Gärten des *Zuisen-ji* und des *Hokoku-ji* sowie der Tempel *Hase-dera* sehenswert.

SEHENSWERTES

DAIBUTSU (GROSSER BUDDHA) ★

Der berühmte *Große Buddha* ist die Hauptattraktion der Stadt. Die über 13 m hohe Figur stammt aus dem Jahr 1252 und befand sich einst in einer Tempelhalle, die 1495 einer gewaltigen Flutwelle zum Opfer fiel. Heute sitzt der Große Buddha im Freien, wodurch seine Ruhe und Harmonie ausstrahlende Wirkung besonders gut zur Geltung kommt. *Tgl. 7–18, im Winter 7–17.30 Uhr | Eintritt 220 ¥ | Enodenbahn bis Hase*

Der Große Buddha von Kamakura

ENGAKU-TEMPEL

Der in der Nähe des Bahnhof Kita-Kamakura gelegene *Engaku-ji* stammt aus dem Gründungsjahr 1282 und ist der älteste Zen-Gebäudekomplex Japans. *Tgl. 8–16.30 Uhr | Eintritt 200 ¥*

MARCO POLO HIGHLIGHTS

★ Daibutsu (Großer Buddha)
Der Buddha von Kamakura strahlt Ruhe aus (Seite 40)

★ Ise-jingu
Das Nationalheiligtum des Shintoismus in der Nähe von Nagoya (Seite 49)

★ Toshogu
Das prunkvolle Mausoleum des ersten großen Shoguns ist mit seiner erstaunlichen Prachtfülle einfach herrlich (Seite 50)

★ Asakusa-Kannon-Tempel
Der Weihrauch im Tokioter Heiligtum soll vor Krankheiten schützen (Seite 52)

★ Meiji-Schrein
Das Shinto-Heiligtum liegt inmitten von Tokios grüner Lunge (Seite 54)

★ Rathaus
Tokio liegt Ihnen vom Turm aus zu Füßen (Seite 55)

★ Tsukiji-Fischmarkt
Tokios Fischmarkt bietet ein Fest für alle Sinne (Seite 56)

★ Kabuki-za
Historisch: Tokioter Volkstheater (Seite 60)

★ Chinatown
Yokohama: Chinaküche in Toprestaurants (Seite 61)

40 | 41

KAMAKURA

KENCHO-TEMPEL

Der *Kencho-ji* ist der größte der fünf Zen-Tempel Kamakuras und wurde 1253 von einem chinesischen Priester gegründet. *Tgl. 9–16.30 Uhr | Eintritt 200 ¥*

TOKEI-TEMPEL

In den 1285 gegründeten „Scheidungstempel", Tokei-ji, (gegenüber Engaku-ji) flüchteten Frauen, als Scheidungen noch den Männern vorbehalten waren. Hatte eine Frau drei Jahre hier gelebt, galt sie praktisch als geschieden. *Tgl. 8.30–17 Uhr | Eintritt 50 ¥*

TSURUGAOKA-HACHIMANGU

Mit seiner bewegten Vergangenheit und einem Schatzhaus, das Kunstwerke aus mehr als 1000 Tempeln dieser Gegend birgt, gilt der Schrein als wichtigster der Stadt. *Di–So 9–16 Uhr | Eintritt 150 ¥*

▋ESSEN & TRINKEN ▋

Kamakura ist ein beliebter Ort für Touristen, entsprechend vielfältig ist die Gastronomie. Gute Restaurants konzentrieren sich in der Einkaufsstraße Komachi-dori und auf der Hauptstraße, die vom Bahnhof zum Tsurugaoka Hachimangu führt.

HACHINOKI

Kenner schwören auf das Haus: Serviert werden elegante Kaiseki-Menüs der buddhistisch-vegetarischen Küche unter historischem Dach. *Mo geschl. | am Eingang des Kencho-ji | Tel. 0467/22–87 19 | www.hachi noki.co.jp | €€*

SOBASHUBO KURA

Ein beliebter Shop für köstliche Soba- und Hühnerspießchen. *In Bahnhofsnähe | 11.30–24 Uhr | Tel. 0466–50–60 07 | www.ishonan.com/ sobashubo_kura | €*

Auch bei den Japanern ein beliebtes Ausflugsziel: der Kenroku-Garten bei Kanazawa

ST- UND ZENTRALJAPAN

AUSKUNFT

TOURIST INFORMATION CENTER
Am Hauptbahnhof | Tel. 0467/22–33 50. Geich daneben befindet sich auch ein Fahrradverleih.

KANAZAWA

[132 B3] **Die weite Reise an das Japanische Meer wird belohnt mit dem Anblick gut erhaltener Samurai-Häuser und dem prächtigen Kenroku-Garten – er zählt zu den drei schönsten Parks im Land.** Darüber hinaus ist die Hafenstadt Kanazawa (450 000 Ew.) eine Verwaltungsmetropole zwischen Moderne und Funktionalität. Für alle Sehenswürdigkeiten dürfte ein Tag reichen.

SEHENSWERTES

KENROKU-GARTEN
Kenroku lässt sich am besten übersetzen mit „Die Vereinigten Sechs". Damit sind die klassischen Kriterien eines chinesischen Gartens gemeint: Abgeschlossenheit, Weitläufigkeit, Künstlichkeit, Altertümlichkeit, Wasser und weite Sicht. Am Ende des künstlichen Teichs steht eine Steinlaterne, die *Kotoji* genannt wird, weil sie wie eine Brücke in Form des Zupfinstruments *(Koto)* aussieht. Ihre geschickte Statik hat sie berühmt gemacht.

Ursprünglich war Kenroku nur der Garten der Kanazawa-Burg, deren Ruine man besser meiden sollte, weil japanische Touristen busladungsweise zu diesem Drehort für Samurai-TV-Dramen strömen. Im 17. Jh. wurde der Park jedoch ständig erweitert, und seit 1871 ist er mit seinen 12 000 Bäumen der Öffentlichkeit zugänglich. Es ist ein Genuss, darin zu spazieren – außer zur Kirschblüte, wenn man wegen der Menschenmassen kaum treten kann. Wer jedoch früh um 7 Uhr kommt, hat den Park fast für sich allein *(März–14. Okt. tgl. 5–18, 15.–31. Okt. 5–16.30, Nov.–Feb. 6–16.30 Uhr, 29. Dez.–3. Jan. geschl. | Eintritt 300 ¥ | gratis vor 6.45 bzw. vor 7.45 Uhr).*

SAMURAI-VIERTEL NAGAMACHI
Die Gasse mit Erdwällen, Holzhäusern, Papierfenstern und versteckten Gärten gibt einen Einblick in die Lebensart der Kriegerkaste: In Kanazwa findet man eines der am besten erhaltensten Samurai-Viertel der Edo-Periode. Vor allem das *Nomura-Haus (tgl. 10–16 Uhr)* vermittelt eine gute Vorstellung. Zum *Terajima-Haus* aus dem Jahr 1770 gehört ein friedlicher Miniaturgarten. Im Teezimmer wird für 300 ¥ eine Schale grünen Tees serviert *(Fr–Mi 9–16 Uhr | Eintritt 300 ¥ inkl. englischem Faltblatt).* Sehenswert ist auch das *Seihatsuan Kaga Yuzen Silk Center,* ein früheres Samurai-Haus, in dem heute Kimonoseide gefärbt wird *(Fr–Mi 10–16 Uhr | Eintritt 600 ¥).* Buslinien 20, 21 und 22 vom Bhf. bis Haltestelle Korinbo, dann 10 Min. zu Fuß

SEISONKAKU
Ein Fürst des in Kanazawa herrschenden Maeda-Klans ließ die Villa 1863 für seine Mutter bauen. Das stilvolle Haus mit eleganter Einrichtung kann heute besichtigt werden. *Tgl. 9–17 Uhr, Do nach Feiertag u. 29. Dez.–2. Jan. geschl. | Eintritt 600 ¥ mit englischsprachigem Begleitheft | südöstlich des Kenroku-Parks | www.seisonkaku.com*

NAGANO

ESSEN & TRINKEN

KOTOBUKIYA

Sehr nettes, etwa 120 Jahre altes Restaurant, in dem auf noblem Wajima-Lack serviert wird. *Tgl. | nördlich vom Oyama-Schrein | Bushaltestelle Owari-cho | Tel. 076/231–62 45 | www.kanazawa-kotobukiya.com | €€*

ÜBERNACHTEN

NIKKO HOTEL

Mittelgroßes Haus. Sehr gute Restaurants (chinesisch, japanisch). *260 Zi. | 2-15-1 Honmachi | Kanazawa | Tel. 076/234–11 11 | Fax 234–88 02 | www.hnkanazawa.co.jp | €€*

AUSKUNFT

TOURIST OFFICE KANAZAWA

Im Bahnhof | Ausgang Chuo-guchi | Tel. 076/232–62 00 | www.city.kanazawa.ishikawa.jp

ZIEL IN DER UMGEBUNG

WAJIMA [122 B3]

Obwohl es am Weg sehr schön erhaltene Bauernhöfe mit eindrucksvollen Strohdächern zu sehen gibt, fährt in diesen kleinen Ort im Norden der Noto-Halbinsel nur, wer in japanische Lackarbeiten verliebt ist. Seit über 500 Jahren wird dieses noble Handwerk hier kultiviert und mit genügend dicker Geldbörse lassen sich Stücke direkt von den Künstlern erwerben, wie es sie nirgendwo sonst in Japan gibt. Das Touristenbüro am Bahnhof zeigt gern den Weg zum *Wajima Shikko Kaikan,* einer Art Genossenschaftszentrum. Im Obergeschoss wird die Lackiertechnik in allen 68 Schritten ausführlich erläutert. Im Erdgeschoss bietet der größte Laden seiner Art Hochwertiges für jeden Geschmack und fast jeden Geldbeutel. *Tgl. 8–17.30 Uhr | Ausstellung 200 ¥*

Weitere Lackarbeiten gibt es im *Urushi-Kunstmuseum* zu sehen, *tgl. 9–16.30 Uhr | Eintritt 600 ¥.* In der *Kiriko Kaikan* stehen riesige, mit Lackkunst verzierte Festwagen, *tgl. 8–17 Uhr | Eintritt 500 ¥.*

Ab Kanazawa fährt einmal tgl. ein direkter Schnellzug (135 Min.).

NAGANO

[132 C3] Wer zum ersten Mal nach Nagano (383 000 Ew.) kommt, will kaum glauben, dass diese Industriestadt ein Wintersportzentrum ist und 1998 sogar Olympische Spiele veranstaltet hat. Als deren Symbol gilt die Skisprungschanze (60 m hoch) in Hakuba. Auch wenn die meisten Sportanlagen heute teure Investitionsruinen sind, weil sie kaum jemand nutzt, und die Stadt auf einem riesigen Schuldenberg sitzt, hatte das kostspielige Spektakel auch sein Gutes – zumindest für Touristen: Die Autobahn aus Tokio und Osaka/Kyoto wurde durch die Japanischen Alpen bis hierher verlängert, die Trasse für den Hokuriku-Shinkansen, der die Zugfahrt von Tokio nach Nagano auf 90 Minuten halbiert, entgegen aller ökonomischen Bedenken gebaut. Jetzt kommen alljährlich über 4 Mio. Besucher, vor allem zum Skifahren in der Umgebung, aber auch, um einen der schönsten Tempel Japans zu sehen.

SEHENSWERTES

ZENKO-TEMPEL

Um den Tempel aus dem 7. Jh. ranken sich eine Menge Legenden, von

> **www.marcopolo.de/japan**

ST- UND ZENTRALJAPAN

denen aber keine so richtig glaubhaft erklären kann, wohin die *Ikko Sanzon* – die erste Buddha-Statue, die Japan vermutlich im Jahr 552 aus Korea erreichte – verschwunden ist. Angeblich wird sie jetzt versteckt. Nur alle sechs Jahre ist heute eine Kopie zu besichtigen, das nächste Mal 2009. Auch ist die Anlage sehr oft von Bränden zerstört, aber durch großzügige Spenden stets wieder halbwegs originalgetreu rekonstruiert worden. Die heutige Haupthalle *(Hondo)* stammt aus dem Jahr 1707 und ist nationaler Kulturschatz. In ihrem hinteren Teil führt eine Treppe ins Dunkel. Den Weg kann man sich nur ertasten, bis die Hände auf etwas Metallisches stoßen – den „Schlüssel zur Erlösung". Eine Attraktion ist die Morgenandacht Ojuzu Chodai um 5.30 Uhr, bei der buddhistische Gebetsperlen gesegnet werden. *Tgl. 5–16 Uhr | Eintritt 500 ¥ | 1,5 km vom Bahnhof entfernt, am Nordende der Chuo-dori | Bus alle 10 Min. ab Bussteig 1 200 ¥ | Taxi ca. 900 ¥*

ESSEN & TRINKEN

CHIKUFU-DO

Gerichte mit Esskastanien sind eine Spezialität der Regon. Dieses Imbisslokal hat sich darauf spezialisiert und serviert Köstliches mit Kastanien, etwa schmackhafte Bratreisgerichte oder Eis. *Am Hauptpostamt | Tel. 0262/47–25 69 | €*

SUKI-TEI

Fleischgerichte von Rindern, die nach lokaler Sitte mit Äpfeln gefüttert wurden. *Mo geschl. | 112-1 Tsumashina (hinter der Präfekturverwaltung) | Tel. 0262/34–11 23 | €€*

ÜBERNACHTEN

HOTEL KOKUSEI 21

Modernstes und auch bei Ausländern sehr beliebtes Hotel in toller Lage mit 7 Restaurants und vielen Dienstleistungen. *151 Zi. | 576 Agata-ma-*

Am Eingangstor des Zenko-Tempels

chi | Tel 026/234–11 11 | www.kokusei21.co.jp | €

JAL-HOTEL NAGANO

Gehobener Standard zum Preis eines Geschäftshotels. *235 Zi. | 1221 Toi-*

44 | 45

NAGANO

goshomachi, Nagano | Tel. 026/225–11 31 | Fax 225–00 31 | www.jalhotel.com | €€

■ AUSKUNFT

NAGANO CITY
TOURIST INFORMATION CENTER
Kitagawara, Kurita | Tel. 026/226–56 26

■ ZIELE IN DER UMGEBUNG

MATSUMOTO [132 C4]

Dieses Tor zu den Japanischen Alpen lohnt sich schon wegen der schönen Burg – vor allem zur Kirschblüte Mitte April und zur Laubfärbung Anfang November. Ansonsten ist der Stammsitz des Ogasawara-Klans aus dem 14. und 15. Jh. heute ein wenig verschlafen und mit seinen 200 000 Einwohnern eine typische japanische Kleinstadt.

> LOW BUDGET

> Das *Oedo Monsen Monogatari* ist eine entspannende Badelandschaft in einem dem „alten Tokio" nachempfundenen Themenpark. Für 1987 ¥ kann man hier eine ganze Nacht verbringen – eine preiswertere „Übernachtung" gibt es in ganz Japan nicht. *Tgl. 11–9 Uhr des nächsten Tages | F2–57 Omi, Koto | Tel. 03/55 00–11 26 | 2827 ¥, ab 18 Uhr 1987 ¥ | www.gojapan.about.com/od/attractionintokyo/p/oedoonsen.htm*

> Für Touristen gibt es Rabatte in vielen Restaurants, Hotels, Museen. Besonders günstig ist *Fuji Welcome Card* für 202 Hotels, gastronomische Einrichtungen und Sehenswürdigkeiten: *www.mtfuji-welcomecard.jp*

Wahrzeichen ist die Burg Matsumoto-jo, die wegen ihrer schwarzen Fassade von den Einheimischen „Krähenburg" getauft wurde. Besonders schön präsentiert sie sich zur Kirschblüte! *Tgl. 8.30–16.30 Uhr | 29. Dez.–3. Jan. geschl. | Eintritt 600 ¥ (inkl. Volkskundemuseum) | Stadtmitte (15 Min. zu Fuß ab Bahnhof, Bus bis Shiyakusho-ame 190 ¥)*

Der Marumo Ryokan ist eine preiswerte 8-Zimmer-Herberge in einem umgebauten Lagerhaus mit Gemeinschaftsbad/Toilette. *3-3-10 Chuo | Tel. 0263/32–01 15 | Fax 32–22 51 | www.avis.ne.jp/~marumo | €*

TAKAYAMA [132 B4]

Mit seinen traditionellen Kneipen, Sake-Brauereien und hübschen Geschäften für sehr viel Nutzloses hat dieses Städtchen (96 000 Ew.) in den Japanischen Alpen mehr von seinem ursprünglichen Charme bewahrt als der übergroße Rest des pazifischen Kaiserreichs – auch wenn die Altstadt immer mehr zur Touristenfalle wird. Hinter dem Flüsschen Miya beginnt ein Viertel mit drei Straßen – Ichino-machi, Nino-machi und Sanno-machi – mit schönen alten Handwerksstätten (vor allem Tischler und Holzschnitzer), hölzernen Kaufmannshäusern, Galerien, Museen, Restaurants und Ryokans. Takayama ist allerdings stark überlaufen, besonders beim Sanno-Fest im April und beim Hachiman Matsuri im Oktober.

Das stimmungsvolle, 250 Jahre alte Susaki serviert exquisite *bonzen*-Küche (kalte Speisen); es gibt einen wunderschönen Garten für die Teezeremonie *(Do geschl. | 4-14 Shin-mei-*

ST- UND ZENTRALJAPAN

cho | Tel. 0577/32–00 23 | €€€). In dem ebenso alten *Nagase Ryokan* hat jedes der zehn Zimmer ein eigenes Gärtchen mit Bach. Das Personal spricht sehr gut Englisch *(10 Kami-Nino-machi | Tel. 0577/32–00 68 | Fax 32–10 68 | €€).*

Auskunft: Takayama Tourist Information Center, vor dem Bahnhof | Tel. 0577/32–53 28

NAGOYA

[132 B4–5] Nagoya, Heimat des riesigen Toyota-Konzerns, ist der Nabel der japanischen Autoindustrie und mit seinen 2,15 Mio. Einwohnern eine Art Wolfsburg im Goliath-Format. Viel historisch Interessantes gibt es nicht. Nur die stolze Burg lässt erahnen, dass die drei bedeutendsten Helden der japanischen Feudalzeit – Oda Nobunaga, Toyotomi Hideyoshi und Tokugawa Ieyasu – hier ihre Spuren hinterlassen haben. Die Weltausstellung Expo 2005 lenkte jedoch wie kein Ereignis zuvor die internationale Aufmerksamkeit auf die schönen Seiten der Industriemetropole.

■ SEHENSWERTES

ATSUTA-SCHREIN
Der Atsuta-jingu aus dem 3. Jh. gehört zu den bedeutendsten Sakralbauten Japans. Eine der drei kaiserlichen Herrschaftsinsignien – das Schwert Kusanagi-no-Tsurugi – wird hier verwahrt. Der Sage nach erhielt es der Tenno mit samt den zwei anderen Reichskleinodien: Juwel und Spiegel von der Sonnengöttin Amaterasu. Das Privileg, es zu sehen, ist dem Kaiser und einigen Shinto-Priestern vorbehalten. Der Schrein ist rund um die Uhr zugänglich. Probieren Sie die Schreinvariante der lokalen Spezialität *Kishimen Nudeln*. *Eintritt frei | Tel. 052/671–41 51 | www.atsutajingu.or.jp/eng/*

Lehrstück: Nagoya-Burg

NAGOYA-BURG
Die von Shogun Tokugawa Ieyasu Anfang des 17. Jhs. errichtete Burg wurde im Zweiten Weltkrieg zerstört und 1959 in Stahlbeton rekonstruiert. Auffällig sind zwei schwere, delphinähnlichen Geschöpfe aus 18-karätigem Gold an den Giebelenden, die sich in jedem Souvenirladen der Stadt wiederfinden. *Tgl. 9–16.30 Uhr | am Jahresende geschl. | Eintritt 500 ¥*

OSU KANNON TEMPEL
Populärer Tempel aus dem 17. Jh. mit angrenzender Einkaufsmeile. Die heutigen Gebäude sind neu. Flohmarkt am 18. und 19. des Monats. *Tgl. 9–16.30 Uhr | Eintritt frei*

46 | 47

NAGOYA

TOKUGAWA KUNSTMUSEUM

Die hier gezeigten Drucke, Kalligrafien, Rollbilder, kunstvollen Lackarbeiten und Keramiken gehörten einst der Shogun-Familie Tokugawa. Leider befinden sich die wertvollsten Stücke, darunter die Bilderrollen zur Geschichte des Prinzen Genji aus dem 12. Jh., unter Verschluss, und man muss sich mit einem Video begnügen. Sehenswert ist auch der Tokugawa-Garten und die Ausstellungsstücke des *Nō*-Theaters. *Di–So 10–17 Uhr, 20. Dez.–3. Jan. geschl.* | *Eintritt 1200 ¥, Garten 300 ¥* | *www.tokugawa-art-museum.jp*

■ ESSEN & TRINKEN

IBASHO

Das kleine Restaurant ist spezialisiert auf eine Nagoya-Variante von *Unagi* (gegrilltem Aal). Der Fisch wird dabei in der Suppe oder mit Schalotten zubereitet. *Tgl.* | *3-13-22 Nishiki, Naka-ku, U-Bahnhof Sakae* | *Tel. 052/951–11 66* | €€

KISHIMEN YOSHIDA

Hier wird die berühmteste Nagoya-Spezialität namens *Kishimen* serviert: handgemachte flache Nudeln, kalt oder in heißer Brühe angerichtet. *Tgl.* | *1-1-2 Izumi (im Matsuzakaya)* | *Tel. 052/562–00 75* | €

TORIEI

Sehr elegantes Traditionsrestaurant, Spezialität des Hauses sind Hühnergerichte. *Tgl.* | *3-8-3 Sakae, Naka-ku (U-Bahnhof Sakae)* | *Tel. 052/241–55 52* | €€

■ ÜBERNACHTEN

HOTEL GRAND COURT NAGOYA

Erstes Haus am Platz, moderne 246 Zimmer. Kurzer Weg vom JR-Bahnhof. *1-1-1 Kanayama-cho, Naka-ku* | *Tel. 052/683–41 11* | *Fax 683–41 21* | *www.grandcourt.co.jp* | €€

MEITETSU NEW GRAND HOTEL

Verkehrs- und preisgünstig, drei Restaurants. *154 Zi.* | *6-9 Tsubaki-cho,*

Starke Frauen: Die Perlentaucherinnen von Toba gehen ohne Pressluft unter Wasser

ST- UND ZENTRALJAPAN

Nakamura | Tel. 052/582–22 11 | Fax 582–22 30 | www.meitetsu-gh.co.jp | €–€€

THE WESTIN NAGOYA CASTLE
Einziges Hotel mit Burgblick. *229 Zi. | 3-19 Hinokuchi-cho, Nishi-ku | Tel. 052/521–21 21 | Fax 531–33 13 | www.castle.co.jp | €€*

■ **AUSKUNFT**

CONVENTION VISITOR BUREAU
1-11-1 Higashi Sakura, Higashi-ku | Tel. 052/201-59 72 | www.ncvb.or.jp

■ **ZIELE IN DER UMGEBUNG**

ISE-JINGU ★ [132 B5]
Der *Shinto*-Schrein aus dem 3. Jh. ist eines der größten Heiligtümer Japans. Jedes Jahr pilgern sechs Millionen Menschen in die Stadt Ise südlich von Nagoya, um den Schrein – eine weitläufige Gebäudeanlage – zu sehen.

Es gibt zwei Hauptschreine und eine Vielzahl von Nebenschreinen. Jedes einzelne der mehr als 200 Gebäude wird alle 20 Jahre abgerissen und originalgetreu an einer angrenzenden Stelle wieder aufgebaut. Die seit Jahrhunderten überlieferte Handwerkstechnik verzichtet dabei auf Metallnägel. Bei Fertigstellung wird die zugeordnete Gottheit in einem Ritual – *Sengo no Gi* – in ihre neue Heimstatt geführt. Seit 1958 können auch westliche Besucher dieser Zeremonie beiwohnen.

Die wichtigsten Schreingebäude – vor allem der Innere Schrein Naiku – sind der kaiserlichen Familie und den Hohepriestern vorbehalten. Die meisten Nebengebäude weisen aber eine ähnliche Architektur auf. Vom Weg, der an der Westseite des Naiku zum separaten Schrein *Aramatsuri-nomiya* führt, haben Sie einen fast unverbauten Blick auf das verbotene Heiligtum. An Sonnentagen leuchtet der Zypressenwald mit den goldenen Enden des Dachgestühls um die Wette.

Im Naiku wird ein Spiegel der Sonnenkönigin Amaterasu aufbewahrt. Angeblich liegt er von einem Brokatbeutel umhüllt auf einem hölzernen Sockel. Wenn die Verpackung altersrissig geworden ist, wird eine neue darüber gestülpt, ohne dass man den heiligen Spiegel berührt. Seit diese höfische Insignie im 3. Jh. hierher gebracht wurde, hat sie kein menschliches Auge mehr erblickt. Der Tenno hätte dazu zwar das Recht, aber es ist nicht überliefert, dass er je davon Gebrauch gemacht hätte. *Tgl. von Sonnenauf- bis -untergang | Eintritt frei | mit Expresszügen ab Nagoyo bis Ise-Shi oder Ujiyamada ca 1,5 Std. | www.isejingu.or.jp*

TOBA [132 B5]
Das Mekka der japanischen Perlenzucht ist eng mit dem Namen Kokichi Mikimoto verbunden, der sein ganzes Berufsleben damit verbrachte, Naturperlen zu züchten, damit 1893 Erfolg hatte und ein reicher Mann wurde. In den Vorführhallen werden auch auf Englisch viele Tricks gezeigt, mit denen man die Austern überlistet. Noch heute tauchen Frauen in weißen Gewändern nach Perlenmuscheln, aber meist nur zur Schau, wobei diese Vorführungen auf Englisch kommentiert werden (Kassetten auf Deutsch). *Beobachtungsplattform tgl. 8.30–17.30, Winter 9–16.30 Uhr | Eintritt 1500 ¥ | Züge der Kintetsu-Linie ab Ise-shi bis Toba 20 min.*

NIKKO

NIKKO

**KARTE
AUF SEITE 141**

[133 D3] „Sag nicht kekko (herrlich), bevor du Nikko gesehen hast!", rät der japanische Volksmund. Die Bewunderung gilt der prunkvollsten Tempelanlage Japans sowie der spektakulären Umgebung, einem Tal mit schönen Wanderwegen. Von Tokio aus empfiehlt sich Nikko (20000 Ew.) als Tagestour mit der Bahn oder mit dem Bus einer Reisegesellschaft. Wochentags kann es am Morgen herrlich ruhig sein, zu meiden sind Wochenenden und Feiertage.

SEHENSWERTES

TOSHOGU ★

Nikkos berühmteste Sehenswürdigkeit ist das Mausoleum des Tokugawa Ieyasu. Es gilt dem ersten großen Shogun und Begründer der Tokugawa-Dynastie, die Japan vor seiner Öffnung über 250 Jahre regierte. Der 1634 von einem Enkel in Auftrag gegebene Schreinkomplex wurde innerhalb von zwei Jahren von 15000 Handwerkern und den besten Künstlern jener Zeit in einer für Japan ungewöhnlichen Prachtfülle errichtet. Die von Zedern beschattete Anlage spiegelt bewusst Reichtum und Macht des Tokugawa-Klans wider. Der Weg in den Schreinbezirk führt an der heiligen Shinkyo-Brücke vorbei über viele Steinstufen durch ein riesiges Tor, neben dem eine Pagode steht.

An jedem Bauwerk – darunter die drei heiligen Speicher mit geschnitzten Elefanten und der heilige Stall mit den berühmten drei Affen, die nichts hören, sagen und sehen wollen – finden sie außergewöhnliche Kunstwerke. Das Prunkstück der Anlage ist das mit Millionen Goldfolien und kostbaren Schnitzereien geschmückte „Sonnenlichttor" Yomei-mon. *Tgl. 8–17, Nov.–März 8–16 Uhr | Eintritt je nach Kombiticket 1000–1300 ¥ | Tobu-Bus ab Bahnhof bis Haltestelle Shinkyo oder Nishi-sando*

> ERLEUCHTUNG GARANTIERT
Im Kloster das echte Tempelleben studieren

Wer in Japan Stille und Selbsterkenntnis sucht, findet sie in den geweihten Gemäuern der *Shukubus* auf dem Tempelberg *Koya-san*, 90 Bahnminuten von Osaka entfernt. Auf diesem weiträumigen Gelände in 900 m Höhe befinden sich 58 Klöster, die Tempelübernachtungen anbieten in kargen, kleinen Räumen, ausgestattet oft mit nicht viel mehr als einer Futonmatte, aber mit einer köstlichen, meist vegetarischen Abendmahlzeit und mit japanischem Frühstück. Bei Ausländern beliebt ist *Rengejo-in* mit 48 Gästezimmern, berühmt für seinen Tofu und den Altarraum für Meditation (auch auf Englisch). „Meditieren sollte man täglich", predigt Chefpriester Ryusho Soeda, „und zwar so lange, wie ein Räucherstäbchen zum Abbrennen braucht". *Tel. 0736/56-20 06 | Fax 56-47 43 | Reservierung auch über Tourist-Association Koyosan Kanko Kyokai | Tel. 0736/56-26 16 | www.shukubo.jp/eng | €*

T- UND ZENTRALJAPAN

■ ÜBERNACHTEN
NIKKO KANAYA HOTEL
Klassisches, etwas konservatives Haus mit gutem Service, seit 1873. 70 Zi., 1300 Kamihatsuishi-cho | Tel. 0288/54–00 01 | Fax 53–24 87 | www.kanayahotel.co.jp | €€

Der Berg Nantai-san (2484 m) überragt den See, der erloschene Vulkan ist ein beliebtes Ziel von Wanderer. Ein Pfad zum Gipfel führt durch das Tor eines Schreins, das von Mai–Okt. geöffnet ist. *Zum See: Tobu-Bus bis Haltestelle Chuzenji-ko-Onsen*

Einer der prunkvollsten Bauten Japans: der Toshogu-Schrein in Nikko

■ AUSKUNFT
Tourist-Information | Tel. 0288/ 54–24 96 | www.nikko-jp.org/english

■ ZIEL IN DER UMGEBUNG
CHUZENJI-SEE/
KEGON-WASSERFALL   [133 D3]
Viel Natur bietet eine Fahrt zum herrlich gelegenen Chuzenji-See im Nikko-Nationalpark. Von hier nehmen die Kegon-Wasserfälle ihren Weg. Bis zu 97 m stürzt das Wasser in die Tiefe.

TOKIO

 KARTE IM HINTEREN UMSCHLAG

[133 D4] Groß, größer, Tokio: In Japans Hauptstadt leben 8,5 Mio. Einwohner. Und fast 35 Mio. haben sich im Ballungsgebiet um die Stadt angesiedelt. Die Folge: Hier passiert alles gleichzeitig. Und die Zukunft findet bereits heute statt. Tokio, das sind Wolkenkratzer, in denen sich der Himmel spiegelt. Mehrspu-

50 | 51

TOKIO

rige Straßen, über denen Neonreklame im XXL-Format leuchtet. Shopping-Malls in Rosa und Glitzer. Und endlos viele Menschen, die von überall zu kommen scheinen.

Die Skyline zu all dem bilden rund 100 Wolkenkratzer im Zentrum. Haben zuerst die 42 Etagen hohen Atago-Türme die Innenstadtansicht aufgemischt, setzte der Roppongi-Hill-Komplex mit einem 54 Stockwerke hohen Büroturm, Kinos und vielen Shops ein weiteres Highlight. Sie alle werden jedoch vom Shiodome übertroffen, wo sich in Ginza-Nähe auf 310000 m^2 des früheren Güterbahnhofs ein gigantisches New Tokio mit zwölf Hochhäusern formiert.

Das Erdbeben von 1923 und die Luftangriffe im Zweiten Weltkrieg haben kaum historische Gebäude übrig gelassen. Viele Tokio-Fans mögen vor allem die wilde Mischung aus Moderne, Chaos, Größe, Macht und altmodischer Beschaulichkeit. Vieles davon möchte man niemals zu Hause erleben, aber eins ist die Stadt in ihrer Vielschichtigkeit, Dynamik, Exotik und Schnelligkeit gewiss nicht: langweilig. Mehr Informationen finden Sie im MARCO POLO Tokio.

■ SEHENSWERTES ■

ASAKUSA   [U F1]

In diesem Stadtviertel am Sumida-Fluss mit seinen Einkaufsstraßen, Restaurants und Handwerksbetrieben sowie kleinen Gassen erhalten Sie noch am ehesten eine Vorstellung, wie das Tokio der Vormoderne einmal aussah, damals, als Asakusa (sprich: Assacksa) berühmt war als Amüsierviertel mit Freudenhäusern, Theatern und Jahrmärkten. Hier wurde später die erste westliche Oper aufgeführt, der erste Kinofilm gezeigt und das erste Stripteaselokal eröffnet.

Asakusas Zentrum ist der *Sensoji*, besser bekannt als ★*Asakusa-Kannon-Tempel*. Der Weg dorthin führt durch das Kaminari-Mon (Donnertor) mit einem der bekanntesten Fotomotive Tokios, einem 3,30 m hohen und 100 kg schweren Lampion. Das Tor ist eine Nachbildung, die Köpfe der Götterstatuen Donner und Wind dagegen sind alt. Die Nakamise-dori mit vielen Souvenirläden führt direkt zum Haupttempel, vorbei an einem großen Weihrauchgefäß. Hingebungsvoll fächern sich die Gläubigen hier den Rauch der glimmenden Stäbchen ins Gesicht: Er soll vor Krankheiten und anderem Ungemach schützen.

In einem goldenen Schrein des Tempels soll ein goldenes Abbild der Göttin der Barmherzigkeit Sho Kannon liegen. Der Legende nach ging die Figur im Jahr 628 nahe der Flussmündung zwei Fischern ins Netz, die daraufhin den Tempel gründeten. Die mehrfach zerstörte große Halle Kannon-do wurde 1958 wieder aufgebaut. Viele Japaner beten hier um Glück, nachdem sie Geld in einen Opferkasten geworfen haben. Neben mehreren kleinen Hallen – die Awashima-do beispielsweise ist dem Wohl der Frauen gewidmet – fällt v.a. die 48 m hohe, fünfstöckige Pagode ins Auge, die wie die große Halle zu Japans Nationalschätzen zählt. *www.asakusa-nakamise.jp*

Westlich des Tempels liegt die Abtresidenz *Dempo-in* mit einem der schönsten Gärten Tokios (16. Jh.). Er

❯ *www.marcopolo.de/japan*

besticht mit malerischen Baum-Rasen-Arrangements sowie einem Teich, an dessen Ufer die älteste Tokioter Glocke aus dem Jahr 1387 zu sehen ist. *Zutritt nur nach vorheriger Anmeldung im Büro links neben der Pagode, Di–So 9–15 Uhr, bei Zeremonien geschl.*

GINZA [U E4]
Die berühmte Glitzermeile mit mehreren bunten Haupt- und Nebenstraßen ist das eigentliche Zentrum Tokios, wo sich heute vor allem ausländische Designer und Luxushersteller mit edlen Boutiquen an Prunk und Preis überbieten. Der elegante Stadtteil mit sieben großen Warenhäusern, vielen Restaurants, Galerien und Geschäften wurde nach einem Brand 1872 das erste Viertel im westlichen Stil mit Steinhäusern und Straßenlaternen. Das Matsuzakaya machte später Geschichte als Japans erstes Kaufhaus, in dem sich die Kunden beim Betreten nicht mehr die Schuhe ausziehen mussten.

Mega-Lampion am Asakusa-Kannon-Tempel

HARAJUKU [U A–B4]
Der quirlige Stadtteil rund um den gleichnamigen Bahnhof ist Tokios Zentrum der Mode und bei der Jugend entsprechend beliebt. Hier verläuft auch die schicke Allee Omotesando, zuweilen „Tokios Champs Elysées" genannt, weil hier die ersten Straßencafés des Landes aufmachten. Neben den bekanntesten japanischen Modeschöpfern wie Issey Miyake und Rei Kawakubo siedeln sich immer mehr teure internationale Boutiquen und Restaurants an. Die Läden in den Seitenstraßen – besonders in der Takeshita-dori – verkaufen ausgeflippte Mode für Manga-Mädchen und Punk-Lolitas. Sonntags wird der Eingang zum Yoyogi-Park (nahe dem Bahnhof) zum Laufsteg für Liebhaber solcher Outfits. Und junge Rock-Bands geben dazu gratis eine Vorstellung.

IDEMITSU-KUNSTMUSEUM [U E4]
Japanische und chinesische Kunst (Porzellan, Malerei, Kalligrafie, Bronzen), berühmt für die Tuscharbeiten des Zen-Mönchs Sengai. *Di–Do und Sa/So 10–17, Fr 10–19 Uhr | Eintritt 1000 ¥ | Teigeki-Bldg. | 9F, 3-1-1 Marunouchi | www.idemitsu.co.jp/museum*

52 | 53

TOKIO

KAISERPALAST (KOKYO) [U D3]
Der Wohnsitz des Kaisers und seiner Familie auf dem Gelände der ehemaligen Burg gleicht einer riesigen grünen Insel inmitten des Stadtzentrums. Der Palast ist der Öffentlichkeit nur zweimal im Jahr zugänglich, am 2. Jan. und zum Geburtstag des Kaisers am 23. Dez. Sie können jedoch in einem Teil des umliegenden Gartens spazieren gehen. Beim Eintritt erhält man einen Plastikchip, der beim Hinausgehen zurückzugeben ist. *Garten Di–Do, Sa/So 9–15 Uhr | 25. Dez.–3. Jan. geschl. | Eintritt frei | www.kunaicho.go.jp*

MEIJI-SCHREIN ★ [U A4]
Das prächtigste Shinto-Heiligtum der Stadt, der Meiji-jingu, liegt inmitten eines 70 ha großen Parkgeländes. Es wurde als Denkmal für den Meiji-Kaiser (1850–1912) errichtet, unter dessen Herrschaft die Isolationspolitik endete und sich Japan auf den Weg zu einem modernen Staat machte. Nach der Zerstörung im Zweiten Weltkrieg wurde der Schrein originalgetreu wieder aufgebaut. Das Ni-no-Torii ist das größte hölzerne Schreintor des Landes. In der Neujahrsnacht pilgern Zehntausende Japaner hierher, um mit einer Geldspende für Glück zu beten. *Tgl. 9–16.30 Uhr | jeden 3. Fr im Monat geschl. | Eintritt frei | www.meijijingu.or.jp/english/*

NATIONALMUSEUM [U E1]
Das Museum besitzt die weltweit größte Sammlung japanischer sowie chinesischer und koreanischer Kunst mit 90000 Objekten. Selbst in den riesigen Ausstellungsräumen mit vier Hauptgalerien können jeweils nur Teile davon gezeigt werden. *Di–So 9.30–16.30, April–Sept., Di–So 9.30–20 Uhr | Eintritt 600 ¥ | 13-9 Ueno-koen | www.tnm.jp*

NATIONALMUSEUM FÜR ENTWICKLUNG VON WISSENSCHAFT UND INNOVATION (MIRAIKAN) [U E1]
Wechselnde Ausstellungen über technischen Fortschritt, besonders beliebt sind neueste Robotermodelle. *Mi–Mo 10–17 Uhr | Eintritt 500 ¥ | 2-41 Aomi | Koto-ku | www.miraikan.jst.go.jp*

SHINJUKU [U B2–3]
Shinjuku, „neue Unterkünfte", lag früher außerhalb der Stadt als Neubaugebiet mit billigen Absteigen und Bordellen. Erst 1932, als sich die Ge-

T- UND ZENTRALJAPAN

gend nach dem Bau des Bahnhofs zu einem Vergnügungsviertel für die weniger betuchten Tokioter entwickelte, wurde Shinjuku eingemeindet. In den Boomjahren avancierte West-Shinjuku mit seinen mittlerweile 18 Wolkenkratzern zum Symbol des wirtschaftlichen Aufstiegs. Im Osten dagegen ist im Rotlichtviertel Kabuki-cho sowie in den Restaurantgassen Unterhaltung angesagt. Mit rund 2 Mio. Fahrgästen täglich ist der *Bahnhof* Shinjuku der verkehrsreichste der Welt.

Hauptsehenswürdigkeit ist das 243 m hohe, 48-stöckige ⭐ *Rathaus (Tokio Metropolitan Government Offices),* das höchste Gebäude des Viertels. Der von Stararchitekt Kenzo Tange gebaute, 1991 eingeweihte zweitürmige Komplex mit der Citizens Plaza wird von den Tokiotern ebenso als „neue Hauptstadt" bewundert wie als „Steuerturm" verlästert, weil der Gigant 1 Mrd. Euro kostete. Mehr als 13 000 Beamte und Angestellte sind hier tätig. Beeindruckend ist bei klarem Wetter v. a. die Aussicht von der ✿ Plattform im 45. Stock, von der mit Glück der Fuji-Berg zu sehen ist. *Tgl. 9.30–23, Südplattform 9.30–17.30 Uhr | am Jahreswechsel geschl.*

SONY BUILDING [U E4] Insider Tipp

Hier stellt der Weltkonzern seine neuesten Produkte aus, viele kann der Besucher ausprobieren. Kinder lieben besonders die jüngsten kostenlosen Playstationversionen. *Tgl. 11–19 Uhr | Eintritt frei | 5-3-1 Ginza | www.sonybuilding.jp*

Unterwegs in Tokio: Jeder in dieser gigantischen Stadt scheint in Bewegung zu sein

TOKIO

TOKIO NATIONALMUSEUM FÜR MODERNE KUNST [U E1]

Sammlung und Wechselausstellungen zeitgenössischer japanischer Kunst: hervorragende Holzdrucke, Tuschmalereien, auch Ikebana. *Di–So 10–16.30 Uhr | Eintritt 420 ¥ | Sonderausstellungen 900 ¥ | 3-1 Kitanomaru-koen | www.momat.go.jp*

TSUKIJI-FISCHMARKT ⭐ [U E5]

Köche, Feinschmecker und Touristen schwärmen gleichermaßen von Tokios Fischmarkt, dem größten der Welt. 2400 t Seegetier werden hier täglich versteigert, ein Drittel aller Meeresprodukte des Landes. Das Geschehen mitzuerleben heißt, früh aufstehen: Um 4.30 Uhr karren und schleppen Händler ihre Fracht in die Auktionshalle. Spätestens um 5.30 Uhr sind auch die mehr als 400 umliegenden Esslokale und Geschäfte geöffnet, die neben jedem Zubehör rund um den Fisch auch Gemüse, Obst, Fleisch und alle erdenklichen Haushaltsgeräte anbieten. Bis gegen 10 Uhr kaufen Einzelhändler, Hausfrauen und Touristen hier ein, essen **das frischeste Sushi der Welt** oder schlürfen eine frühe Nudelsuppe auf der Straße. *Tgl. außer So und Mi 3–13 Uhr | 5-2-1 Tsukiji, Chuoku | www.shijou.metro.tokyo.jp*

Insider Tipp

UENO, UENO-PARK [U E1]

Der erste öffentliche Park Japans *(Keno-koen)* erfreut mit Tempeln, einer berühmten Pagode und den meisten Museen der Hauptstadt und ist – außer bei den Saufgelagen zur Kirschblütenzeit – eine Oase der Ruhe. Interessant sind die Samurai-Statue von Saigo Takamori am südli-

chen Parkeingang, der Kiyomizu-Kannon-Tempel, der den Stadtteil vor bösen Geistern schützen soll, sowie die Museen. Witzig außerhalb des Parks ist die alte **Passage Ameya-yokocho** nahe dem Ueno-Bahnhof mit Hunderten von Händlern und Marktschreiern.

■ ESSEN & TRINKEN

ANDYS SHINHINOMOTO

Rustikale Izakaya-Kneipe mit viel Atmosphäre und einer großen Auswahl an Speisen, die zum Teilen sind. Engl. Karte und Bedienung, *Tgl. 17-24 Uhr | 2-4-4 Yurakucho | Tel. 03/32 14–80 21 | €*

HINOKIZAKA

Japanisches Restaurant im Ritz Carlton, dem ein Michelin-Stern verliehen wurde. Das Hinokizaka befindet sich in Roppongis Midtown-Komplex. Der Blick aus dem 45. Stockwerk ist ebenso großartig wie die edle Innenausstattung. Zum Samstags-Brunch gibt es im Menü mit dem „besten aus der japanischen Küche" von allen drei Theken. *Tgl 11.30–14.30 und 17.30–21.30 Uhr | 9-7-1 Akasaka | Tel. 03/34 23–80 00 | www.ritzcarlton.co.jp | €€€*

LA BOHÈME

Filiale der in ganz Tokio verbreiteten Kette, 24 Stunden geöffnet. Preiswerte Pasta mit Japan-Touch. *Tgl. | 6-7-18 Jingumaev.Jingubashi Bldg. | Tel. 03/34 00–34 06 | €*

NEW YORK GRILL ▶▶

Szenerestaurant im 52. Stockwerk des Park-Hyatt-Hotels mit herrlichem Blick. Internationale Küche,

> *www.marcopolo.de/japan*

T- UND ZENTRALJAPAN

mittags relativ günstig (reservieren!). Tgl. | 3-7-1 Nishi-Shinjuku | Tel. 03/53 23–34 58 | www.parkhyatt tokyo.com | €€€

SHABUSEN
Folkloristisches *Shabu-shabu*-Restaurant mit preiswertem Mittagsmenü.

6-12-2 Roppongi, Roppongi Hills Residence B, 3. Etage | Tel. 03/57 86–75 00 | €€

TEN-ICHI
Nobles Tempura-Restaurant mit stilvoller Atmosphäre, bei Ausländern beliebt. Reservierung empfohlen!

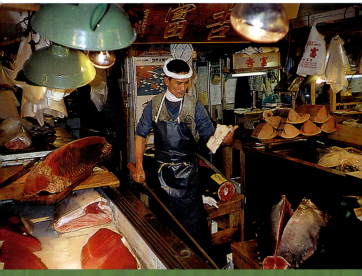

Frisches Sushi gefällig? Auf dem Tsukiji-Fischmarkt schmeckt es am besten

Tgl. | Ginza-Core Bldg. | 2F, 5-8-20 Ginza | Tel. 03/35 71–17 17 | €

TAKEYABU
Handgemachte *Soba*-Nudelgerichte in großer Auswahl und Top-Qualität. Für die Küche gab es einen Michelin-Stern. Der Besitzer benutzt für die Herstellung seiner Vollkorn-Buchweizen-Pasta nur Quellwasser aus Gunma. Günstig: das Mittagsmenü. Tgl. 11.30–15.30, 18–21.30 Uhr |

Tgl. | 6-6-5 Ginza | Tel. 03/35 71–19 49 | €€€

TOFU-YA UKAI
Tipp für frischen Tofu und andere Spezialitäten. Das populäre Lokal liegt am Fuß des Tokio-Towers in einem traumhaften Garten. Hier legt man Wert auf Traditionen. Günstiges Mittags-Set. Tgl. | 11–20 Uhr | 4-4-13 Shiba-koen | Tel. 03/34 36-10 28 |www.ukai.co.jp/shiba |€€

56 | 57

TOKIO

Gucken und kaufen: Akihabara-Viertel

TSUKIJI SUSHI-SEI
Beliebtes Sushi-Restaurant direkt am Fischmarkt. Auch Fischhändler kehren hier ein. *So/Fei geschl. | 4-13-9 Tsukiji | Tel. 03/35 41–77 20 | €€*

EINKAUFEN
AKIHABARA ▶▶
Elektronikmeile und Szeneviertel rund um den Akihabara-Bahnhof mit Elektronikkaufhäusern (Electronic Town, Akky, Laox) sowie vielen kleinen Geschäften mit günstigen Angeboten. Zentrum für Fans von Mangas und Animes, von Computerspielen und Cosplay-Cafes, in denen kostümierte Mädchen bedienen. *Soto-Kanda, Chiyoda-ku*

COMME DES GARÇONS
Die japanische Designerin Rei Kawakubo gründete 1969 in ihrer Heimatstadt das Modelabel, das international Karriere machte. Die Hauptboutique überrascht immer wieder mit Ausgefallenem. *5-2-1 Minami-Aoyama*

ISETAN-KAUFHAUS
Größtes und sehr renommiertes Warenhaus in der Region mit dem kompletten Angebot und einer riesigen Lebensmittelabteilung. *Tgl. 11–22 Uhr | 3-14-1 Shinjuku*

MIKIMOTO
Flaggschiff des berühmten japanischen Perlenzüchters Mikimoto. Perlen in allen Farben, Größen und Preislagen. *3. Mo im Monat geschl. | 4-5-5 Ginza*

MITSUKOSHI GINZA
Renommiertes Kaufhaus, Ginza-Wahrzeichen und beliebter Treffpunkt. Phantastische Lebensmittelabteilung. *4-6-16 Ginza, Chuo-ku | www.mitsukoshi.co.jp/store/fcs*

ORIENTAL BAZAAR
Japan unter einem Dach. Drucke, Kimonos, antike asiatische Möbel, Perlen sowie alle erdenklichen Souvenirs. *5-9-13 Jingumae*

> www.marcopolo.de/japan

– UND ZENTRALJAPAN

TOKIO MIDTOWN ▶▶
Neuer und angesagter Gebäudekomplex im Roppongi-Viertel mit Bars, Boutiquen, Designzentren, Cafes, Museen, Ausstellungen, Terrassenlokalen und Park, in dem rundum freier Internetzugang besteht. Wer einen Blick in die Höhe wirft, sieht einen 54 Stockwerke hohen Wolkenkratzer – nach derzeitigen Stand der höchste der Stadt. *Akasaka, Minatuku | www.tokyo-midtown.com/en*

YODOBASHI CAMERA
Größter und preiswerter Anbieter für Fotozubehör unter den vielen Spezialgeschäften in dieser Gegend, führt auch Elektronikwaren. *1-11-1 Nishi-Shinjuku, Shinjuku*

■ ÜBERNACHTEN

KATSUTARO-RYOKAN
Traditionelles Gasthaus in Holzbauweise mit sieben Räumen (drei davon ohne Bad) nahe dem Ueno-Park. *4-16-8 Ikenohata, Taito-Ku | Tel. 03/38 21–47 89 | Fax 38 21–47 89 | www.katsutaro.com | €*

KEIO PLAZA INTERCONTINENTAL
47-stöckiges Hotel mit toller Aussicht, 1448 vergleichsweise preisgünstige De-luxe-Zimmer, erstklassiger Service. *2-2-1 Nishi-Shinjuku | Tel. 03/33 44–01 11 | Fax 33 45–82 69 | www.keioplaza.co.jp | €€*

KEIO PRESSO INN
Neues Businesshotel in Ginza-Nähe. *250 Zi. | 4-7-3 Tsukiji | Tel. 03/35 42–02 02 | Fax 35 42–02 03 | www.presso-inn.com | €*

PALACE HOTEL
Bei Deutschen beliebtes Hotel, direkt am Kaiserpalast, einige Zimmer mit sehr schöner Aussicht. *389 Zi. | 1-1-1 Marunouchi, Chiyoda-ku | Tel. 03/32 11–52 11 | Fax 32 11–69 87 | www.palacehotel.co.jp | €€€*

SOFITEL
Neuestes und architektonisch auffälligstes Hotel in Ueno. *83 Zi. | 2-1-48 Ikenohata | Tel. 03/56 85–71 11 | Fax 56 85–61 71 | www.sofiteltokyo.com | €€*

> SAKURA-PARTYS
Laut und leise: Wo die Japaner die Kirschblüte feiern

Mitte März bis Anfang April schneit es in Japan Kirschblüten (*sakura* = Kirschblüte). Und wenn dann auch noch der Vollmond scheint, verfällt das ganze Land in Hysterie. Was eigentlich bloß *Hanami* (Kirschblütenschau) heißt, bedeutet für die Japaner viel Essen und noch mehr Zechen. Die größte Party findet in Tokios Ueno-Park statt, wo sich am Wochenende bis zu 1,5 Mio. Vergnügungssüchtige austoben. Auf Tokios Prominentenfriedhof Aoyama wird neben den Gräbern die schrägste Party gefeiert – mit Karaoke bis zum Morgengrauen. Party ganz klassisch: Am Fluss Ujigawa südlich von Kyoto wird am 7. und 8. April das alte Nippon nachempfunden. Party-Geheimtipp: Am Berg Yoshino, unweit von Nara, blühen den ganzen April über mehr als 100 000 Kirschbäume. Und der kleine Ort Yoshino nennt sich am 11. und 12. April „Welthauptstadt der Kirschblüte".

58 | 59

TOKIO

TOKYO YOYOGI YOUTH HOSTEL
Preiswerte Unterkunft im Olympischen Dorf von 1964. *60 Zi. (alles EZ), 3-1 Yoyogi-kamizono | Tel. 03/34 67–91 63 | Fax 34 67–94 17 | www.hihostels.com | €*

■ AM ABEND ■

Wer richtig ins Nachtleben eintauchen will, geht nach *Roppongi*, ins internationale Vergnügungsviertel der Stadt. Hier gibt es neben vielen ausländischen Restaurants unüberschaubar viele Diskos und Bars, auch mit Livemusik. *Square Building:* Ein Haus voller Clubs und Diskotheken, darunter der beliebte *Birdland Jazz Club (3-10-3 Roppongi). Kakuwa:* Restaurant und Varieté mit schrägen Shows. Reservieren! *Eintritt 20 ¥ | Di–So 17.30–4 Uhr | 5-4-2 Roppongi, Minato-ku | www.kaguwa. com.* Die Nachtszene wechselt sehr schnell, aktuelle Infos: *www.metro popolis.co.jp*

Tokios berüchtigtes Rotlichtviertel *Kabuki-cho* ist auch schrill, aber oft primitiv. In den meisten Etablissements sind Ausländer nicht gelitten, woanders fallen sie Schleppern und Neppern zum Opfer. Ein Bummel durch das bunte Gassengewirr ist dennoch interessant.

KABUKI-ZA ⭐

Im berühmtesten Kabuki-Theater Japans – traditionelles, kostümbetontes Schauspiel – finden fast täglich zwei Aufführungen statt *(11 und 16 Uhr, je 3–4 Std.).* Für Ausländer gibt es Kurzerklärungen über Ohrhörer. Man kann auch Tickets nur für einen Akt kaufen, um einen Eindruck von diesem nur von Männern gespielten Theater mit Heldendramen, Sitten- und Tanzstücken zu bekommen. Fragen Sie freundlich nach *Makumi*-Tickets. *4-12-15 Ginza, Chuo-ku | U-Bahn Higashi-Ginza | Tel. 03/35 41–31 31 | www.kabuki-za.co.jp*

■ AUSKUNFT ■

TOKYO TOURIST INFORMATION CENTER
10. Fl. | Tokyo Kotsu Kaikan Bldg., 2-10-1 Yurakucho | Chiyoda-ku | Tel. 03/32 01–33 31 | www.jnto.go.jp

▶ LEERES ORCHESTER
Beim Karaoke-Abend wird jeder zum Star

Beim Karaoke bauen Japaner Stress und Schüchternheit ab. Auch das verklemmteste Büromädchen taut auf, wenn es für sein hingehauchtes Solo von den Kollegen lautstark Applaus bekommt. Selbst wenn man die ausgewählte Playback-Melodie mit dem eingespielten Text (oft auch auf Englisch) nicht so richtig in Einklang bringt – hier wird jeder zum Star. Zum Singen mit „leerem Orchester" – was Karaoke in etwa bedeutet – geht man am besten in die mehrstöckigen Karaoke-Häuser der Kette *Big Echo.* In der Tokioter Ginza kostet die schalldichte Kabine 700 Yen pro Stunde/Person, eine kleine Party 5200 Yen und das Singen mit 20 Personen 9600 Yen. Zur Happy Hour (bis 18 Uhr) gilt der unlimitierte Pauschalpreis von 1200 Yen, nach Mitternacht bis morgens um 5 Uhr kann man für 2800 Yen durchsingen. *Tgl. | 1-6-5 Yurakucho | Tel 03/52 51–55 00*

T- UND ZENTRALJAPAN

Gesang, Tanz und Pantomime: Die Kabuki-Aufführung ist ein prachtvolles Schauspiel

KANKO SERVICE CENTER
Flughafen Narita: *Terminal 1 | Tel. 0476/30 33 83 | Terminal 2 | Tel. 0476/34 62 51*

ZIELE IN DER UMGEBUNG

FUJI [132 C4]
Ein schöner Spiegel für die Erhabenheit des 3776 m hohen Vulkans sind die fünf Seen Fuji-go-ko am nördlichen Bergfuß – für Tokioter ein beliebtes Ausflugsziel. Preiswert übernachten Sie im *Youth Hostel Kawaguchiko*, ca. 8 Min. zu Fuß von der Bahnstation *(11 Zi. | Gemeinschaftsbad | 2128 Funatsu, Kawaguchiko-machi | Tel./Fax 0555/720–630 | €).* Zur Fuji-Besteigung siehe Kapitel Ausflüge & Touren.

YOKOHAMA [133 D4]
Nahtlos geht Tokio in Japans zweitgrößte Stadt über. Yokohama (3,2 Mio. Ew.) behält jedoch ein eigenes Flair. Die Lage am Meer mit dem größten Hafen des Landes und das ausländische Publikum verleihen der Stadt eine kosmopolitische Offenheit. Größte Sehenswürdigkeiten sind der *Hafen* mit Promenade, die nahe gelegene ★ *Chinatown* mit Hunderten guter Restaurants und exotischen Geschäften sowie das Neubauviertel Minato-Mirai mit dem *Landmark Tower,* dem höchsten Gebäude Japans (296 m). Ein 45 km/h schneller Aufzug katapultiert Sie zu den ❄ Restaurants in der 68. bzw. 70. Etage oder auf die Plattform in der 69., alle mit spektakulärer Aussicht *(im Royal Park Hotel | tgl. 10–21, Juli–Aug. 10–22 Uhr | Eintritt 1000 ¥ | Tel. 045/221–11 11)*. Ruhe, Eleganz und Beschaulichkeit bietet der Garten *Sankei-in*. 1906 von einem reichen Seidenhändler angelegt. Inmitten von Teichen und wechselnder Blütenzier liegen 16 architektonische Schätze, darunter eine 500 Jahre alte, dreistöckige Pagode *(tgl. 9–16.30 Uhr, am Jahresende geschl. | Eintritt für den äußeren wie den inneren Garten je 300 ¥ | Bus ab Bahnhof Sakura-cho bis Honmoku | Tel. 045/621–06 34).*

Insider Tipp

60 | 61

> PRÄCHTIGE PALÄSTE UND EHRWÜRDIGE TEMPEL

Die Kansai-Region verbindet die historische Glorie von Kyoto und Nara mit der Industrieregion Osaka-Kobe

> Westjapan, das ist vor allem die Region um Osaka, Kyoto und Kobe – bekannt als Kansai-Gebiet. Die Kulturlandschaft steht für die historische Rivalität zwischen dem Kaiser und dem Shogun in Kanto. Bis heute setzt sich der alte Machtkampf in der wirtschaftlichen und politischen Konkurrenz zwischen Osaka und Tokio fort.

Die Menschen aus Kansai gelten als ebenso geschäftstüchtig wie vergnügungssüchtig. Kyoto und Nara, wo von 794 bis 1886 der Kaiser residierte, verkörpern die klassische japanische Kultur. Osaka und Kobe bieten moderne urbane Vitalität.

HIMEJI

[135 E3] **Schon von der Bahnlinie aus ist die Hauptattraktion der Stadt (455 000 Ew.) zu sehen.** Die Burg, die das Bild von Himeji prägt, wird von den Japanern bewundernd *Shirasagi-jo*, „Schloss der Weißen Reiher", genannt. Himeji eig-

Bild: Zen-Garten Ryoan-Ji in Kyoto

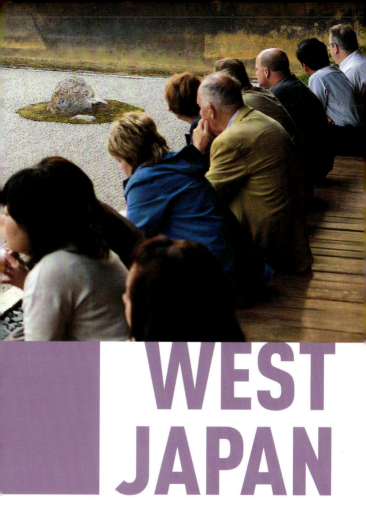

WEST JAPAN

net sich als Tagesausflug von Kyoto, Osaka oder von Kobe aus.

SEHENSWERTES
HIMEJI-JO ⭐

Für den Samuraifilm „Ran", den Regisseur Akira Kurosawa 1985 hier drehte, lieferte Himeji eine erhabene Kulisse. Und auch wesentliche Passagen des Films zum Clavel-Roman „Shogun" wurden hier aufgenommen: an der größten von zwölf noch einigermaßen erhaltenen Feudalburgen Nippons.

Als das Himejo-Schloss 1610 fertig gestellt wurde, galt es im Reich als Sensation. Erstmals hatte ein Herrscher seine Burg nicht auf einem abgelegenen Bergversteck errichtet, sondern weithin sichtbar auf einem Hügel. Die 46 m hohe Wehranlage war offenbar derart gut befestigt, dass sich kein Angreifer zum Sturm entschließen konnte. So steht sie

HIMEJI

denn im Prinzip noch genauso elegant und mächtig da wie vor knapp vier Jahrhunderten.

Am Hauptturm lässt sich gut erkennen, wie im japanischen Mittelalter gekämpft wurde. Vorn erscheint der Wehrbau fünfstöckig. Im Inneren sieht man wie bei vielen japanischen dem erwägt die Stadt, den Fortgang der Arbeiten rund um die Uhr durch eine Webkamera zu dokumentieren.

Interessant ist auch der „Eitelkeitsturm" im westlichen Teil der Anlage: dort lebten (gut bewacht) die Damen. Am Ende der Zimmerflucht hat man die Wohnräume der Prinzessin Sen

Nippons schönstes Beispiel für die Kunst des Burgenbaus: Himeji-Jo

Burgen eine „blinde Etage" – eine ohne Zwischendecke als 2. und 3. Stock. Dort konnten sich der Oberkommandierende und sein Stab vor feindlichem Beschuss relativ sicher fühlen. Achtung! Aufgrund umfangreicher Rekonstruktionsarbeiten wird der Wehrtum von Herbst 2009 bis voraussichtlich Frühjahr 2015 durch ein Stahlkorsett verkleidet. Besucher können in zwei gläsernen Aufzügen einen Blick auf das Gebäude werfen. Außer-

(1597–1667) originalgetreu und mit lebensgroßen Puppen nachgestaltet. *Tel. 0792/85–11 46, nur auf Japanisch (bitten Sie z. B. die Hotelrezeption um Hilfe) | tgl. 9–16, Juni–Aug. 9–17 Uhr, Jahresende geschl. | Eintritt 600 ¥ | www.himejicastle.gr.jp*

HYOGO-GESCHICHTSMUSEUM

Thema ist der Burgenbau in aller Welt. Um 10.30, 13.30 und 15.30 Uhr kann man sich als Samurai oder

> www.marcopolo.de/japan

im Hofkimono fotografieren lassen. *Di–So 10–17 Uhr, am Tag nach einem Feiertag geschl. | Eintritt 200 ¥ | 5 Min. nördl. der Burg*

KOKO-EN

Park im traditionellen Edo-Stil. Früher standen hier Wohnhäuser der Samurai. Vom Teepavillon – die Tasse für 500 ¥ – hat man einen netten Blick. *Tgl. 9–17 Uhr | am westlichen Burggraben*

STÄDTISCHES LITERATUR-MUSEUM HIMEJI

Wer mit den lokalen Schriftstellern nur wenig anzufangen weiß, kommt wegen des Baus: Architekt Tadao Ando gehört zu den Großmeistern des modernen Japan. *Di–So 10–17 Uhr | 84 Yamanoi-cho, nordwestlich von der Burg*

ESSEN & TRINKEN

Angebote westlicher wie japanischer Küche gibt es in Bahnhofsnähe.

FUKUTEI

Auf dem Weg zur Burg serviert Fukutei kalte Kaiseki-Menüs zu moderaten Preisen. Im Hintergrund spielt traditionelle japanische Musik. Bebilderte Speisekarte. Das Haus ist bei Einheimischen sehr beliebt. *Tgl. | 75 Kameimachi | €*

ÜBERNACHTEN

HIMEJI CASTLE HOTEL

Gutes Mittelklassehotel, auf ausländische Gäste eingestellt. Zum

MARCO POLO HIGHLIGHTS

★ **Himeji-jo**
Nippons größte Feudalburg in Himeji (Seite 63)

★ **Friedenspark (Heiwa-koen)**
Zentrum des atomaren Infernos von Hiroshima (Seite 67)

★ **Miyajima**
Bildschön: das „schwimmende" Tor des Itsukushima-Schreins in der Nähe von Hiroshima (Seite 68)

★ **Chion-in**
Der Tempel in der Nähe von Kyoto mit der schwersten Glocke Japans (Seite 71)

★ **Kinkaku-ji**
An klaren Tagen spiegelt sich der „Goldene Pavillon" Kyotos im Wasser (Seite 75)

★ **Kiyomizudera**
Das alte Kyoto: Mensch, Architektur und Natur in besonderer Harmonie vereint (Seite 75)

★ **Nijo-Schloss**
Geheimnisvoll! Kyotos Shogun-Residenz mit ihren Finessen (Seite 77)

★ **Katsura-rikyu**
Die Kaiservilla bei Kyoto hat hundert „Vorderansichten" (Seite 83)

★ **Todai-ji**
Der mächtigste Bronze-Buddha Japans erwartet Sie in Nara (Seite 85)

★ **Kasuga Taisha**
Zauberhaft: 3000 Stein- und Bronzelaternen erleuchten den Nara-Park (Seite 85)

HIROSHIMA

Schloss sind es gut 20 Taximinuten. *256 Zi. | 210 Ni-shinomachi | Tel. 0792/84–33 11 | Fax 84–37 29 | €*

■ AUSKUNFT

Informationsbüro im Bahnhof. *Im Erdgeschoss, rechts vom Fahrstuhl | Tel. 0792/85–37 92*

>LOW BUDGET

> Die Touristenbüros der größeren Städte vermitteln *Goodwill Guides*. Das sind Einheimische, die Touristen durch die Stadt führen und auch mal bei der Suche nach einer Unterkunft weiterhelfen. Die ehrenamtlichen Guides wollen lediglich für Fahrtkosten, Eintritte und das gemeinsame Mittagessen entlohnt werden. *Den Kontakt vermittelt die Japanische Fremdenverkehrszentrale (JNTO) | Tel. 03/32 01–33 31 | www.jnto.go.jp* Tipp: Mindestens eine Woche im voraus organisieren.

> Mit dem *Osaka Unlimited Pass* haben Sie freien Eintritt zu 24 Sehenswürdigkeiten der Stadt (u. a. Schloss- und Meeresmuseum, Tennoji-Zoo) sowie freie Fahrt in allen Nahverkehrsmitteln inklusive Hafenrundfahrten. *Kosten: 2000 ¥/1 Tag oder 2700 ¥/2 Tage. Erhältlich beim Osaka-Informationszentrum Namba | 2-2-3 Namba, Chuo-ku, Midosuji Grand Bld. B1F | Tel. 06-6211-3551*

> Gut und günstig durch die Stadt: *Kyo no Raku Chari* leiht 30 elektrische Fahrräder aus (auch Kinderräder). *Preis: 2000 ¥/Tag (9–17 Uhr). Übernachtverleih auf Anfrage. 3-10 Higashiyama | Tel 0120/318–319 www.rentacycle.jp*

■ ZIEL IN DER UMGEBUNG

SHOSHA-ZAN ENGYO-JI   [135 E3]

Der Bergtempel, rund 8 km nordöstlich des Bahnhofs auf dem Hügel Shosha-zan gelegen, ist seit rund tausend Jahren als Wallfahrtsstätte bekannt. Die acht Gebäude und sieben Buddha-Statuen gelten als bedeutendes Kulturerbe. Eine Seilbahn (ab Haltepunkt Shosha) erleichtert den mühsamen Pilgeraufstieg *(einfache Fahrt 500 ¥, mit Rückfahrt 900 ¥)*. *Tgl. 9–17 Uhr | Tempeleintritt 300 ¥*

HIROSHIMA

[135 D3] An jedem 6. August, 8.15 Uhr, wenn die Glockenschläge verhallt sind, versenkt Hiroshimas Bürgermeister in jahrzehntelanger trauriger Tradition eine Pergamentrolle tief in die Erde. Das Dokument verzeichnet, wer in den letzten 365 Tagen einen späten Strahlentod starb – noch immer sind es stets fast 5000 Menschen.

Hiroshima („Weite Insel") steht heute aber auch für den Abbau von Lebensängsten. Die Stadt verharrt nicht mehr in grenzenloser Trauer. In der quirligen City mit ihren Einkaufspassagen und Restaurants erinnert nur wenig an das tragische Schicksal. Zudem wohnen hier heute mit 1,1 Mio. Menschen mehr als doppelt so viele wie vor dem Krieg. Nicht einmal mehr 80000 haben eigene Erinnerungen an jenen Morgen, den sie „greller Blitz" nennen.

■ SEHENSWERTES

ATOMBOMBENKUPPEL

Das Skelett der ehemaligen Industrie- und Handelskammer wurde nach kontroversen Diskussionen 1996 zum

WESTJAPAN

Welterbe erklärt. Genau hier explodierte die erste zu Kriegszwecken eingesetzte Atombombe der Geschichte. Es wurde als Ruine stehen gelassen. Am Abend des Jahrestags der Katastrophe setzen hier die Einwohner der Stadt Papierschiffchen mit brennenden Kerzen in den Ota-Fluss; in einer bewegenden Prozession schwimmen sie dem Meer entgetan und erinnern an die Toten jeder Familie.

FRIEDENSMUSEUM

Um die amerikanischen Touristen nicht zu provozieren, heißt das Haus „Peace Memorial Museum". Es zeigt die Geschichte des Bombenabwurfs und dokumentiert die Folgen der Explosion. Lesenswert ist das Gästebuch. Ein US-Bürger schrieb in Erinnerung an die japanische Kriegsschuld: „Nie wieder Hiroshima! Ja, mit ganzem Herzen. Aber auch nie wieder Pearl Habour." *Tgl. 8.30–18, Dez.–April 8.30–17 Uhr | Eintritt 50 ¥ | 1-2 Nakajima-cho, Naka-ku | www.pcf.city.hiroshima.jp/top_e.html*

FRIEDENSPARK (HEIWA-KOEN)

Über diesem früheren Bankenzentrum lag das Hypozentrum der Explosion. Wichtigste Gedenkstätte ist der Zenotaph, ein leeres Grabmal mit Satteldach. Seine ewige Flamme soll so lange brennen, bis die letzte Nuklearwaffe auf der Welt abgeschafft ist. Am Turm für die Seelen der 200 000 Opfer steht geschrieben: „Ruhet in Frieden. Dieser Fehler wird sich nicht wiederholen."

KINDERDENKMAL

Der Lebenskampf der Sakado Sasaki (1943–1955) inspirierte dieses bewe-

Mahnung aus Stahl und bröckelndem Beton: Hiroshimas Atombombenkuppel

gende Monument. Das radioaktiv verstrahlte Mädchen wollte 1000 bunte Papierkraniche falten – ein Symbol für langes Leben und Glück. Als 663 fertig waren, starb Sasaki an Leukämie – als ein Opfer der Atombombe. Menschen aus allen Landesteilen stellten die restlichen her und schmückten ihr Grab mit 1000 Kranichen. Daraus ist in Japans Schulen eine permanente Bewegung entstanden, und jährlich wird der Friedenspark mit Millionen von Faltkranichen geschmückt.

ESSEN & TRINKEN

Hiroshimas Küche ist auf Meeresfrüchte, besonders Austern, spezialisiert. So bekannt wie einfach sind *Okonomi-yaki*: Pfannkuchen mit Meeresfrüchten und Gemüse.

66 | 67

HIROSHIMA

KANAWA
Bootsrestaurant mit vielen Varianten an Auster-Gerichten: gebacken, gegrillt, gekocht. *Tgl.* | *3-1-4 Otemachi, Naka-ku (Kai E am Friedenspark)* | *Tel. 082/241–74 16* | €€

OKONOMIMURA
Komplex mit 30 Lokalen im Shintenchi Plaza Buildings hinter dem Kaufhaus Parco. Spezialität: Okonomiyaki. *Tgl.* | *5-13 Shintenchi, Naka-ku* | *Tel. 082/241–22 10* | €

■ ÜBERNACHTEN

ANA CROWNE PLAZA HIROSHIMA HOTEL
Hiroshimas bekanntestes Hotel liegt an der Heiwa-O-Dori, die zum Friedenspark führt. *404 Zi.* | *7-20 Naka-machi | Naka-ku* | *Tel. 082/241–11 11* | *Fax 241–91 23* | *www.anacrowneplaza-hiroshima.jp* | €€

HOTEL GRANVIA HIROSHIMA
Modernes Geschäftshotel nahe des Bahnhofs. *410 Zi.* | *1-5 Matsubara-cho, Minami-ku* | *Tel. 082/262–11 11* | *Fax 262–40 50* | *www.hgh.co.jp* | €€

RIHGA ROYAL HOTEL HIROSHIMA
Auf 35 Etagen im höchsten Gebäude und Wahrzeichen der Stadt. *491 Zi.* | *6-78 Moto-Machi, Naka-ku* | *Tel. 082/502–11 21* | *Fax 228–54 15* | *www.rihga.com/hiroshi* | €€

■ AUSKUNFT

INTERNATIONAL CONFERENCE CENTER
Im Friedenspark | *Tel. 082/247–97 15*

TOURIST OFFICE
Auch Zimmervermittlung. *Am Nordsowie am Südausgang des Hauptbahnhofs* | *Tel. 082/247–67 38* | *www.hiroshima-navi.or.jp*

■ ZIEL IN DER UMGEBUNG

MIYAJIMA ★ [135 D3]
Die Schrein-Insel gehört – neben der Matsu-shima-Bucht und der Landzunge von Amanohashidate – zu den drei schönsten Landschaften Japans. Weltberühmt geworden ist Miyajima durch das rote, im Wasser stehende *Torii*. Das hölzerne Tor ist das meistfotografierte Wahrzeichen Japans. Es symbolisiert den Eingang zum Schrein *Itsukushima* auf der Insel. Der wahrscheinlich im 6. Jh. errichtete Schrein ist wie eine Landungsbrücke ins Wasser gebaut. Im „Morgengebetsraum" Asazaya linker Hand der Bogenbrücke ist ein *Museum* (Waffen, Masken, Kostüme)

Mit Aussichtsplattform: Der stählerne Port-Tower überragt das Hafengebiet von Kobe

WESTJAPAN

untergebracht. Ein berühmtes Postkartenmotiv ist die schwimmende Noh-Bühne aus dem Jahr 1568, die älteste Japans. *Schrein tgl. 6.30 bis Sonnenuntergang | Eintritt 300 ¥, 300 ¥ für die Schatzhalle*

Die Insel mit weiteren Sehenswürdigkeiten und Restaurants lässt sich leicht erwandern – ein schöner Halbtagsausflug ab Hiroshima. *Fähranleger nach Miyajima nahe S-Bahnhof Miyajima-guchi (Sanyo-Linie, 25 Min. ab Hauptbahnhof), ab Innenstadt auch direkte Straßenbahn (70 Min. bis Station Hiroden-Miyashima)*

KOBE

[135 E–F3] **Am 17. Januar 1995 wurde Kobe Opfer eines lange befürchteten, verheerenden Erdbebens.** Wohngebäude und Bürohochhäuser brachen zusammen, Hochstraßen knickten um. 6300 Menschen starben, 300 000 weitere wurden obdachlos. Es war die schlimmste Naturkatastrophe seit dem Tokio-Beben von 1923, und sie verursachte immense Sachschäden. Heute ist Kobe wieder vollständig aufgebaut, eine kosmopolitische, am Handel orientierte, geschäftige Hafenstadt mit 1,5 Mio. Einwohnern.

■ SEHENSWERTES

CHINATOWN

Das kleine Stadtviertel Nankinmachi ist eine typisch chinesische Ansiedlung mit einer besonderen Atmosphäre am Abend, wenn die bunten Fassaden und roten Lampions der Speiselokale einladen. Nicht nur die 40000 in Kobe lebenden Chinesen kommen gern her. *5 Gehminuten südlich der S-Bahn-Station Motomachi*

KITANO

Reiche Händler und Diplomaten aus dem Ausland haben dieses Villenviertel *(Ijinkan)* Anfang der Meiji-Ära (1868–1912) errichten lassen, als Kobe zum wichtigen Handelshafen wurde. Japaner schätzen die westliche Lebensart und flanieren gern in den kleinen Gassen. Über 20 der teils prachtvollen Residenzen, zumeist im viktorianischen Baustil, sind heute der Öffentlichkeit zugänglich, einige davon kostenlos.

ROKKO-SEILBAHN

Diese Seilbahn führt vom Einkaufszentrum OPA nahe dem Bahnhof Shin-Kobe auf den 400 m hohen ❄ Bergkamm Rokko, von wo Sie vor allem bei Sonnenuntergang eine phantastische Aussicht auf die Stadt und die Bucht der Inlandsee haben. *Seilbahn in Winter tgl. 9.30–17, im Frühling und Herbst 9.30–20, sonst bis 21 Uhr | einfache Fahrt 570 ¥ | inkl. Rückfahrt 1000 ¥*

■ ESSEN & TRINKEN

Kobe ist berühmt für sein besonders zartes und extrem teures Rindfleisch, zudem eine gute Adresse für indisches und arabisches Essen.

KOBE

NISHIMURAYA
Krabben- und Rindfleischgerichte sind die Spezialität des traditionellen Restaurants, das günstige Mittagsmenüs anbietet. *Tgl. | Mikage Garden City | 1-2-10 Mikageyamate (vor Sannomiya St.) | Tel. 078/822–17 77 | €€*

OKAGAWA
Modernes Tempura-Restaurant, aber auch Shabu-Shabu oder Sukiyaki. Die besondere Atmosphäre entsteht durch Schiebetüren und Papierfenster. *1. und 3. Di des Monats geschl. | 1-5-0 Kitano-cho | Tel. 078/222–35 11 | €€*

SANDA-YA KITANOZAKA-TEN
Insider Tipp

Edles japanisches Rindfleisch zu angemessenen Preisen. Mittags wird ein Tablettmenü für um die 1500 ¥ serviert. Nicht mit anderen Sanda-ya-Restaurants der Stadt verwechseln! *Sa/So geschl. | 2-7-13 Kitano-cho, Chuo-ku | Tel. 078/222–05 67 | €*

ÜBERNACHTEN

HARBOURLAND NEW OTANI
Im quirligen Hafenviertel; exzellente Restaurants und Bar. *235 Zi. | 1 3 5 Higashikawasaki-cho, Chuo-ku | Tel. 078/360–11 11 | Fax 360–79 99 | www.hrt.newotani.co.jp/en/kobe | €€*

HOTEL OKURA
Hochhaushotel an der Wasserfront. *489 Zi. | 2-1 Hatoba-cho | Chuo-ku | Tel. 078/333–01 11 | Fax 333–66 73 | www.kobe.okura.com | €€*

AUSKUNFT
Im Bahnhof Sannomiya | Tel. 078/322–02 20

> BÜCHER & FILME
Von Göttern, Geliebten und Videokameras

> **Darum nerven Japaner** – Von Videokameras und dem richtigen Umgang mit Hausschuhen: Christoph Neumann gibt mit diesem anekdotenreichen Buch einen unterhaltsamen Einblick in den „ungeschminkten Wahnsinn des japanischen Alltags"

> **Schönheit und Trauer** – Yasunari Kawabata, Japans erster Literaturnobelpreisträger, führt den Leser einfühlsam durch seine Lieblingsstadt Kyoto

> **Gefährliche Geliebte** – Haruki Murakami, derzeit der erfolgreichste japanische Autor, seziert mit diesem Roman die Seele der Tokioter. In Deutschland wurde das Buch pornografisch genannt, was Japans Kritiker nicht verstehen können

> **Kirschblüten-Hanami** – Regisseurin Doris Dörrie erzählt in ihrem Film vom Leben und Tod in Japan. Auch ihre früheren Arbeiten „Erleuchtung garantiert" oder „Der Fischer und seine Frau" war sie schon fasziniert von der spirituellen Kraft Nippons

> **Chihiros Reise ins Zauberland** – Der bisher erfolgreichste japanische Film ist ein Anime: Regisseur und Manga-Zeichner Hayao Miyazaki gewann mit dieser Produktion unter anderem einen Oscar. Chihiros Reise führt ein kleines Mädchen in eine Welt der Mythen, Geister und Götter. Eine Art entfesseltes Disneyland, in dem man eines keinesfalls darf: seinen eigenen Namen vergessen

WESTJAPAN

KYOTO

**KARTE
AUF SEITE 141**

[135 F3] „Vom Kiyomizudera möchte ich die Abenddämmerung über Kyoto sehen. Und den Himmel über dem Nishiyama, wenn hinter ihm die Sonne versinkt." Der Schriftsteller Yasunari Kawabata (1899–1972) hat der Stadt in seinem Roman „Kyoto" ein literarisches Denkmal gesetzt. Er konnte nicht genug schwärmen über die Aussicht vom „Tempel des klaren Wassers" auf die schöne alte Kaiserresidenz. Sein Freitod ersparte dem Dichter mit anzusehen, wie seine „Geliebte" das edle Gesicht verlor. Kyoto hat in den vergangenen 15 Jahren einen regelrechten Bauboom erlebt. Alljährlich kommen 30 Mio. Touristen, die zwar Geld in die Kassen bringen, aber auch Probleme wie verstopfte Straßen, überfüllte Parkplätze, Lärm und Unmengen an Müll verursachen.

Kyotos Schönheit will daher aufgespürt werden. Glanzlichter wie der alte Kaiserpalast, das Nijo-Schloss, der Goldene wie der Silberne Pavillon wirken wie Oasen. Glücklicherweise ist die Stadt regelmäßig angelegt. Der Kamo-Fluss teilt sie in West und Ost, die Gojo-Avenue in Nord und Süd. Die meisten Tempel und Gärten liegen dort in fußläufiger Entfernung am Stadtrand – ein wichtiger Gesichtspunkt für Ihre Stadtbesichtigung. Vor allem betrifft dies im Osten (von Süden): Sanjusangendo, Kiyomizudera, Gion, Maruyama-Park, Chion-in, Heian-Schrein, Nanzenji (von dort über den Philosophenweg Tetsugakuno-michi zum Ginkakuji), im Nordwesten Ryoanji und Ninnaji.

Vierstündige englische **Führungen** *Insider Tipp* **in kleinen Gruppen** bietet Hirooka Hajime, der sich gern Johnny Hillwalker nennt *(2000 ¥ pro Person | Tel. 075/622–68 03).*

Die Burg des Shoguns: das Nijo-Schloss

■ SEHENSWERTES

CHION-IN ★

In der ausgedehntesten Tempelanlage Japans ist zwar nicht alles alt – die meisten der Gebäude stammen aus

70 | 71

KYOTO

dem 17. Jh. –, aber dafür ist sie riesig. Schon das zweistöckige Haupttor San-mon ist mit 24 m Höhe das größte im Land. Und südöstlich des Tempels hängt, 1633 gegossen, die größte Glocke Japans. Sie wiegt 74 t, und um sie anzuschlagen, bedarf es der Kraft von 17 Mönchen.

Die mächtige Haupthalle aus dem 17. Jh. wird dominiert durch den goldenen Altar und ein Abbild des Sektengründers Honen. Die Halle ist durch den berühmten „singenden" Rundgang mit der Versammlungshalle Dai Hojo verbunden: Der Holzfußboden wurde so verlegt, dass bei jedem Schritt ein Quietschlaut entsteht – zum Schutz vor ungewollten Lauschern. *März–Nov. tgl. 9–17.40, sonst 9–16.30 Uhr | Haupthalle Eintritt 400 ¥, sonst frei | www.sacred-destinations.com/japan/kyoto-chionin.htm*

DAIMONJI-YAMA ☀

Von nahezu jedem Platz kann man Richtung Osten am Hang dieses Berges das Schriftzeichen *dai* sehen. An jedem 16. August geht es in Flammen auf, um die Seelen der Toten zu ihren Familien zu leiten – eines der wichtigsten Rituale beim O-Bon-Fest. Wer den 5 km langen Aufstieg (gleich hinter dem Ginkaku-ji) nicht scheut, wird mit einem wunderbaren Panoramablick belohnt.

DAITOKU-JI

Diese Tempelanlage im Nordwesten Kyotos ist ein bedeutendes Zentrum der Zen-Schule Rinzai. Besuchern zugänglich sind acht der 24 Tempel, darunter der ehrwürdige Haupttempel Daitokuji. Das hier verwahrte Bild des Teemeisters Sen no Rikyu

wird von vielen Japanern fast wie eine Reliquie verehrt. Der Meister, 1591 angeblich vom Shogun zum rituellen Selbstmord gezwungen, ist ein Sinnbild der Reinheit.

Der bekannteste Tempel ist aber der *Daisen-in,* berühmt wegen seines Zen-Gartens. Von der Terrasse aus lässt sich die Spur der Steine und des Kieses verfolgen. Auch wer zu tieferer Meditation nicht fähig ist, findet Gefallen an dieser perfekten Komposition aus Geist und Natur. Im Herbst sollte man keinesfalls den kleinen Garten *Koto-in* versäumen, wo Ahornbäume ihr tiefrotes Laub über altem Moos abwerfen. Kommen Sie unbedingt am Vormittag, das Licht ist dann ideal für wunderbare Fotos. *Tgl. 9–16.30 Uhr | Der Eintritt ist in den meisten Tempeln frei | Daisen-in und Koto-in Eintritt je 400 ¥*

GINKAKU-JI

Ende des 15. Jhs. von einem Shogun als elegante Villa und geheimer Zufluchtsort errichtet, sollte der „Silberne Pavillon" eigentlich mit Blattsilber überzogen werden. Wenn dies auch nicht geschah, gehört diese Garten- und Tempelanlage doch zum Schönsten, was das klassische Kyoto zu bieten hat. *Tgl. 8.30–17, Dez.–Mitte März 9–16.30 Uhr | 800 ¥ | www.shokoku-ji.or.jp/ginkakuji*

GION

In einigen Straßen dieses Geisha-Distrikts scheint die Zeit stehen geblieben zu sein. Am Vormittag, gegen 10 bis 11 Uhr, sieht man hier mit etwas Glück eine Geisha oder eine Maiko vorbei rauschen. An lauen Sommerabenden dringen Shamisen-

> *www.marcopolo.de/japan*

WESTJAPAN

Klänge und fröhlicher Gesang durch die Bambusvorhänge alter Teehäuser (in die man leider nicht unangemeldet eintreten kann). *Nördlich und südlich der Shijo-dori am Ostufer des Kamo-Flusses*

GOSHO (ALTER KAISERPALAST)

Er ist vielleicht nicht die schönste Sehenswürdigkeit, aber weil er für Japaner schwer zugänglich ist, gilt er ihnen als etwas Besonderes. Die Anlage ist 11,3 ha groß, wurde 1331 offizielle Kaiserresidenz und nach mehrfachen Bränden 1855 vollständig rekonstruiert. 1868, mit dem Umzug des Kaisers nach Tokio, verlor sie ihre einstige Funktion. Nirgends sonst in Kyoto wird bis heute so viel Wert auf höfische Form gelegt wie hier. So ist das Südtor nach wie vor dem Tenno vorbehalten, das Osttor der Kaiserin und ihrer Mutter. Bei Staatsgästen legt das Protokoll jeden Fall individuell fest. Präsidenten gehen gemeinsam mit dem Tenno. Bei weiblichen Staatsgästen zieht man sich am liebsten so aus der Affäre, dass sie im Wagen durch das Besuchertor im Westen gefahren werden.

Eine 30-minütige Führung zeigt von den 18 Gebäuden die Shishin-Halle, den „Kleinen Palast" Ko Gosho, den Hauptpalast Tsune Gosho und den Teichgarten O-ikeniwa. Die Gebäude werden meist nicht betreten. In der Shinsin-den findet die Thronbesteigung statt: Dort steht der offizielle Kaiserstuhl unter einem Baldachin mit Phönixfigur, davor zwei Gestelle für die Reichskleinodien. Der Ko Gosho enthält drei kleinere Audienzräume mit Blick auf den Landschaftsgarten.

Seit über 800 Jahren wird hier die buddhistische Lehre weitergegeben: Chion-in in Kyoto

72 | 73

KYOTO

Besichtigung nur mit Genehmigung; wenden Sie sich an das Hofamt (Imperial Household Agency, durchs nordwestl. Tor, dann rechts | Tel. 075/211–12 15 | Reisepass nötig), Ausländer erhalten normalerweise sofort und am selben Tag einen Termin (Antrag auf: http//sankan.ku naicho.go.jp/order). Englischsprachige Führung um 10 und 14 Uhr (nicht Sa 14 Uhr, So/Fei); Eintritt frei, 28. Dez.–4. Jan. geschl.

Der ausgedehnte Park im Norden des Palastes mit vielen alten Kirschbäumen ist stets geöffnet.

HEIAN-SCHREIN

Der orangerote Nachbau des Kaiserpalastes der kunstverliebten Heian-Zeit wurde 1885 zu Kyotos 1100-Jahrfeier errichtet. Durch das rote Tor Otomon gelangen Sie zu der großen Staatshalle Daigokuden, zu den östlichen und westlichen Haupthallen sowie den Pagoden. Dahinter liegt ein großer Teichgarten, in dem – anders als bei den immergünen Zen-Gärten – saisonal blühende Bäume wachsen. Blickfang ist eine chinesisch anmutende Holzbrücke, kombiniert mit einem Pavillon, wie er zur Heian-Zeit als Aussichtsplattform zum Beobachten von Zierfischen zu jeder vornehmen Villa gehörte. So lebt jene Glanzzeit des japanischen Adels in dem Garten symbolisch fort. *15. März–31. Aug. tgl. 8.30–17.30 Uhr, sonst früherer Toresschluss | Eintritt frei, Garten 600 ¥ | www. heianjingu.or.jp/index_e.html*

HONGAN-JI

Osttempel (Higashi-Hongan-ji): Auch wenn dieser gewaltige Bau nach einem Großbrand 1895 künstlerisch nur wenig beeindruckend wiederaufgebaut wurde, bietet auch er sein Highlight: ein Seil, das aus den Haaren von weiblichen Anhängern der buddhistischen Schulrichtung *Jodo Shinshu* – „wahre Lehre vom reinen Land" – geflochten wurde; damit wurde Holz für den Neubau herangeschafft. *Tgl. 6.20–16.30 Uhr (im Sommer und zu Festtagen zuweilen auch länger) | Eintritt frei | 500 m nördlich des Hauptbahnhofs | www. honganji.net*

Westtempel (Nishi Hongan-ji): Für die Kyotoer ist klar, dass dieser Tempel der wichtigere ist, denn bei ihm lassen sie die Richtungsbezeichnung Nishi (West) meist gleich weg. Er ist Hauptsitz der buddhistischen Schule Jodo Shinshu mit weltweit über 12 Mio. Anhängern und mehr als 10 000 Tempeln. Auch architektonisch hat diese von Hideyoshi Toyotomi ab 1591 erbaute Anlage viel zu bieten. Die fünf Gebäude des Komplexes werden zu den schönsten Bauwerken der Azuchi-Momoyama-Zeit (1568–1600) gerechnet. Auch wenn die prächtige Haupthalle wegen einer umfangreichen Restaurierung bis etwa 2010 geschlossen ist, lohnen die phantasievollen Bilder, Holzarbeiten und Metallornamente in der Daishoin-Halle fast ebenso den Besuch. Alle Schiebetüren stammen von Meistern der Kano-Schule. Die Räume sind nach dem jeweiligen Motiv der Malerei benannt. Der „Storchenraum" war das Beratungszimmer des Shoguns. Erhalten ist auch die Staatshalle des Fushimi-Palastes, in der der Herrscher badete, Tee trank und anschließend ruhte.

> *www.marcopolo.de/japan*

WESTJAPAN

Tgl. 6–17 Uhr, saisonal manchmal länger | Eintritt frei, 400 m westlich des Osttempels | www2.hongwanji. or.jp/english

KINKAKU-JI ★
„Goldener Pavillon" heißt das meistfotografierte Gebäude Kyotos. In der Tat sind die Wände der zwei oberen gefallen ist, aber auch während der herbstlichen Laubfärbung, wenn satte Rottöne das Farbenspiel steigern. *Tgl. 9.30–17 Uhr | Eintritt 400 ¥ | www.shokoku-ji.or.jp*

KIYOMIZUDERA ★
Ganz früh am Morgen tickt das alte Kyoto noch wie vor über 1000 Jah-

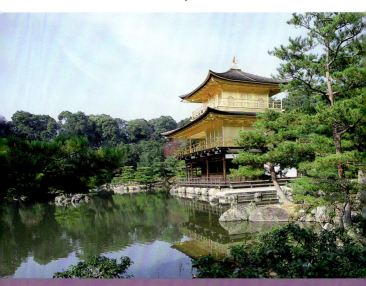

Der Kinkaku-ji, der Goldene Pavillon, wurde 1955 rekonstruiert

Etagen des dreigeschossigen Baus außen mit Blattgold belegt. Er entstand Ende des 14. Jhs. als Altersruhesitz eines Shoguns, der sich jedoch mit 37 Jahren in den Priesterstand zurückzog. An klaren Tagen spiegelt sich der Bau im Wasser des Gartensees und ergibt eine nicht zu übertreffende Komposition aus Blau, Gold und Grün. Besonders schön kommt er zur Geltung, wenn Schnee ren. Bevor tourende Schulklassen lärmend über den im Jahre 798 gegründeten Kiyomizu-Tempel herfallen, knarren in dem berühmten Gebetshaus der alten Kaiserstadt die alten Holzdielen der Terrasse, duftet es betörend nach Weihrauch, verharren Mönche einsam in stillem Gebet. Die Harmonie zwischen Mensch, Architektur und Natur stimmt besonders, wenn sich Ende November die

KYOTO

Ahornbäume tiefrot färben und den Rahmen für die schönste Aussicht auf Kyoto bilden. Der Name „Tempelkloster des klaren Wassers" bezieht sich auf den Quell unterhalb der Haupthalle. Er soll Heilwunder vollbringen. Wer Heilung sucht, fängt mit langen Kellen das Wasser auf und gießt es sich über die Hände.

Die von Hunderten von Säulen getragene Holzterrasse ist eines der Wahrzeichen Japans. Von diesem Felsvorsprung zu springen ist im Japanischen die Metapher für „etwas Schwieriges wagen". *Tgl. 6–18 Uhr | Eintritt frei | Haupthalle 300 ¥*

Wer rechtzeitig genug kommt, darf auch noch fast ungestört durch die sogenannten Teekannenwege pilgern – die vielen kleinen Gassen, die zum Tempel führen und in denen (neben dem obligatorischen Kitsch) die besten Töpferwaren Kyotos angeboten werden.

Insider Tipp Die abzweigende Kopfsteingasse *Sannenzaka („Dreijahresweg") und der anschließende Ninenzaka („Zweijahresweg")* sind der schönste Geheimtipp am Kiyomizu. Hier kann man bei einer Tasse grünen Tees noch vom alten Japan träumen. Immer mal wieder wird vor historischer Kulisse für eine Werbung auch eine Geisha fotografiert.

KYOTO INTERNATIONAL MANGA MUSEUM

Japans erstes Museum, das sich mit dem ganzen Spektrum der Manga-Kultur befasst, wurde 2007 eröffnet. Das gemeinsame Projekt der Stadt und der Seika-Universität – die eine eigene Fakultät für Mangas unterhält – beherbergt knapp 300 000 Exponate. Hier gibt es die ersten Ausgaben japanischer Mangas aus der frühen Meiji-Zeit (1868–1912) ebenso wie ausländische Werke. Besucher haben freien Zugang zu rund 40 000 Bänden aus allen Perioden. *Do–Di 10–20 Uhr | Eintritt 500 ¥ | Oike Agaru, Karasuma-dori, Nakagyo-ku | www.kyotomm.com*

MARUYAMA-PARK

Ein Zufluchtsort im hektischen Stadttreiben, wenn auch nicht gerade als Oase der Ruhe. Den Berg hinauf reihen sich alte Kirschbäume, eine beeindruckende Trauerkirsche ist ein Zentrum der Blütenanbeter. Das

Wenn sich der Ahorn tiefrot färbt, ist es Zeit für einen Besuch in Kiyomizudera

WESTJAPAN

Rasthaus am Teich bietet neben traditioneller Küche ein romantisches Fotomotiv. Im Südosten steht der *Yasaka-Schrein.* Er ist ein beliebtes Ziel für den ersten Schreinbesuch in der Silvesternacht oder am Neujahrsmorgen. *Ständig geöffnet | Eintritt frei | nahe der Shijo-dori*

NANZEN-JI
Der kaiserliche Altersruhesitz wurde Ende des 13. Jhs. in einen der schönsten Zen-Tempel Kyotos umgewandelt und dient heute der einflussreichen Rinzai-Schule als Hauptquartier. In der Tempelhalle kann man erstklassigen Tee trinken und dabei auf den klassischen „Garten des springenden Tigers" schauen. Vom zweiten Stock des gewaltigen Eingangstores Sanmon bietet sich ein wunderschöner Blick über die Stadt. *Tgl. 8.40–17, Dez.–Feb. 8.40–16.30 Uhr | Eintritt 500 ¥ | http://nanzenji.com*

NATIONALMUSEUM FÜR MODERNE KUNST
Bekannt für seine Sammlung zeitgenössischer japanischer Keramik und Malerei. Wechselausstellungen. *Di–So 9.30–17 Uhr | Eintritt 420 ¥ | Sonderschauen extra | Okazaki-enshojicho, Sakyo-ku | www.momak.go.jp*

NIJO-SCHLOSS ★
Aus der Logik der Macht ergibt sich, dass der Sitz des Shogun nicht weit vom Palast entfernt liegt. Anfang des 17. Jhs. ließ Tokugawa Ieyasu die pompöse Anlage errichten, um dem Tenno zu signalisieren, wer das Reich in Wirklichkeit lenkte. Allerdings war sich der berühmte Kriegsherr seiner Herrschaft und Beliebtheit offenbar auch nicht so sicher. So ließ er den Wohntrakt mit aufwendigen Sicherheitsvorkehrungen ausstatten. Die berühmteste ist das „Nachtigallen-Parkett": Niemand konnte in dieser Zimmerflucht einen Schritt tun, ohne auf dem Holzfußboden ein zwitscherndes Geräusch zu verursachen. In Geheimkammern lauerten Leibwächter auf Eindringlinge.

Nur Angehörigen des Adels, die sich dem Shogun unterwarfen, war es gestattet, durch das große Tor *(Karamon)* den aus fünf Gebäuden bestehenden Palastteil Ninomaru zu betreten. Heute interessieren hier vor allem die Wandschirme der vierten Kammer (Ohiroma Yon-no-ma) und der Palastgarten, der von dem Landschaftsarchitekten und Teemeister Kobori Enshu geschaffen wurde. *Tgl. 8.45–17, Einlass bis 16 Uhr | 26. Dez.–4. Jan. geschl. | Eintritt 600 ¥, ein englischsprachiges Heft inklusive | Eingang Horikawa-dori*

NINNA-JI
Lassen Sie sich nicht abschrecken von den finsteren Gesellen, die als Holzfiguren das kolossale Tor bewa-

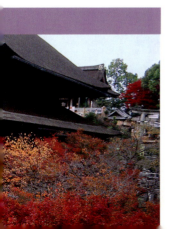

76 | 77

KYOTO

chen: Touristen dürfen ungehindert passieren. Eigentlich sollte die im Jahr 888 fertig gestellte Anlage als Palast dienen, wurde aber nur gelegentlich von einem kaiserlichen Prinzen bewohnt. Sie brannte mehrfach ab, wurde verkleinert und ist heute der Haupttempel der buddhistischen Omura-Schulrichtung. Die bestehenden Gebäude stammen aus dem 17. Jh. Vor allem die fünfstöckige Pagode aus dem Jahr 1630 gilt als ein Meisterwerk japanischer Sakralarchitektur. *Tgl. 9–16.30 Uhr | Eintritt zur Anlage frei | die einzelnen Gebäude kosten extra Eintritt*

NOMURA MUSEUM

Schriftrollen, Bilder sowie Keramik und Teezeremoniegerät. *Di–So 10–16 Uhr | Eintritt 700 ¥ | 61 Shimogawara-cho Nanzen-ji, Sakyo-ku*

RYOAN-JI

Den berühmten Zen-Garten der Rinzai-Schule kennt in Japan jedes Kind, weil keine Schule diesen Ausflug auslässt. Wer eindringen will in die mystische Gedankenwelt der 15 scheinbar zufällig verstreuten Felsen im sorgsam geharkten Terrain, sollte unbedingt früh bei Toresöffnung da sein. Angelegt wurde der Garten bereits 1450, aber niemand weiß genau, wer der Schöpfer war und was er damit aussagen wollte. Das Geheimnis des Gartenkunstwerks muss jeder Besucher für sich entschlüsseln. *Tgl. 8–17, Dez.–Feb. 8.30–16.30 Uhr | Eintritt 500 ¥ | www.ryoanji.jp*

SANJUSANGEN-DO

Der Name dieses 1164 von Kaiser Goshirakawa errichteten, nach einem Brand 1266 wieder originalgetreu aufgebauten Tempels bedeutet „33 Säulenzwischenräume". Das hohe Gebäude ist entsprechend lang. Sein Inneres birgt 1001 Statuen der Kannon, der buddhistischen Göttin der Barmherzigkeit. Beherrschendes Standbild ist eine tausendarmige Senju Kannon in der Mitte, flankiert von jeweils 500 der anderen Figuren. Tatsächlich zählt man nur 40 Arme. Nach buddhistischer Vorstellung rettet jeder Arm der Kannon jedoch 25 Welten, sodass man auf 1000 kommt.

Am 15. Januar findet hier alljährlich das Toshiya-Fest statt, ein traditioneller Wettkampf von Bogenschützen, die von der Galerie an der Westseite aus durch die Halle schießen. Die Idee stammt aus der Edo-Zeit (1600–1868): Um die Tüchtigkeit und Wehrkraft der Schützen zu messen, galt es, innerhalb von 24 Stunden möglichst viele Pfeile zum anderen Hallenende zu jagen. Der Rekord wurde 1686 mit 8000 Pfeilen erzielt, die die Nordwand erreichten. *1. April–15. Nov. tgl. 8–17, sonst 9–16.30 Uhr | Eintritt 600 ¥ | 15 Gehmin. östlich des Hauptbahnhofs*

TETSUGAKU-NO-MICHI

Dieser „Philosophenweg" genannte autofreie Spazierpfad zwischen dem Ginkaku-ji im Norden und den Nanzen-ji im Süden ist Kyotos erste Kirschblütenadresse. In der Umgebung wohnen berühmte Künstler und Wissenschaftler.

TO-JI

Die 794 fertig gestellte Tempelanlage war eigentlich zum Schutz der Stadt bestimmt, die sich allerdings so ra-

> *www.marcopolo.de/japan*

WESTJAPAN

sant ausdehnte, dass sie militärisch nutzlos wurde. So schenkte sie der Kaiser dem Mönch Kukai, der dort die buddhistische Shingon-Schule gründete. Die meisten erhaltenen Bauwerke stammen aus dem 17. Jh. Künstlerisch bedeutend sind die 21 esoterischen Bildnisse in der Lesehalle Kondo sowie in der Haupthalle *500 ¥ | ca. 15 Gehmin. südlich des Hauptbahnhofs*

ESSEN & TRINKEN

Berühmt ist die Kyo-ryori, die lokale Variante der noblen Kaiseki-Küche. Sie wird kalt serviert. Ein einfaches Menü kostet 6000 ¥, ein komplettes ab 15000 bis zu 50000 ¥.

Ein Restaurantcenter im Stadtteil Ponto, der Vergnügungsmeile Kyotos

der Heilende Buddha Yakushi mit seinen zwei Begleitern.

Der fünfstöckigen Pagode, die im Laufe von Jahrhunderten fünfmal wieder aufgebaut wurde, sieht man ihre exzellente Bedeutung nicht ohne weiteres an. Der derzeitige Bau aus dem Jahr 1643 ist jedoch mit 56 m Höhe die größte Pagode Japans. *Tgl. 9–16.30 Uhr | Eintritt frei | Kondo und Schatzkammer Homotsukan*

AJIRO

Vegetarische Zen-Küche, z.B. Yuba auf Tofu-Basis. Verkauf auch außer Haus. *Mi geschl. | 28-3 Tera-no-mae, Hanazono (Südausgang des Myoshin-Tempels) | Tel. 075/463–02 21 | €€*

Insider Tipp

C. COQUET ▶▶

Beliebtes Internet-Cafe mit freiem Zugang bei jeder Bestellung. *Tgl. außer Do. 9–21 Uhr | Ecke Teramachi*

KYOTO

und Marutamachi nahe Kaiserpalast | www.cafe-ccoquet.com | €

HONKE OWARIYA
Kyotos ältestes Nudelrestaurant. *Mi geschl. | 322 Kurumaya-cho | Nijo-Sagaru (nahe Nijo-Schloss) | Tel. 075/231–34 46 | €*

Yudufu, ein gekochtes Tofu-Gericht. *Do geschl. | 86-30 Fukuchi-cho (am Nanzen-ji) | Tel. 075/771–87 09 | €€*

■ EINKAUFEN
Nirgends sonst in Japan findet sich eine so breite Palette alten Kunsthandwerks (Geisha-Puppen, Lackarbeiten,

Neugierig auf die japanische Kunst der Unterhaltung? Das Gion Corner führt Sie ein

MANKAMERO
Spezialität: *O-Bento* (kalte Speisen im Bambuskörbchen). Wunderschönes altes Gebäude mit Garten. *Tgl. | 387 Demizu-agaru, Inokumadori (nahe Gosho) | Tel. 075/441–50 20 | €€€*

MCLOUGHLIN`S
IRISH BAR & RESTAURANT ▶▶ 🔊
Internationaler Treff mit Happy Hour (18–20 Uhr). Live-Musik. *Tgl. 18–1, Fr./Sa –3 Uhr | Empire Bld. 8F, Kiyamachi North of Sanyo | Tel. 075/ 212–6339 | www.kyotoirish.com | €*

OKUTAN
Tempelähnliches Restaurant mit Sitzmatten im Freien. Spezialität:

Seidenweberei, Holzschnitte). Das größte Sortiment bieten das *Kyoto Craft Center, Do–Di 10–18 Uhr | 275 Gionmachi, Maruyama-koen,* und das genossenschaftliche *Kyoto Handicraft Center | tgl. 10–18 Uhr | Kumano Jinja Higashi, nördlich vom Heian-Schrein.*

Jeden Monat am 21. findet im To-ji der ▶▶ *Flohmarkt Kobo-san* statt. Wer einen Kimonogürtel oder einen Teekessel sucht, kann hier preiswert fündig werden. Auch mehr oder minder echte Antiquitäten werden zuweilen angeboten.

Shinmonzen-dori: Straße der Antiquitätenläden mit Kleinmöbeln, Keramik, Bilderrollen und Holzschnit-

> *www.marcopolo.de/japan*

WESTJAPAN

ten. Die Preise sind gepfeffert. *Nordwestlich vom Maruyama-Park*

■ ÜBERNACHTEN

HIGASHIYAMA YOUTH HOTEL
Günstig gelegen im Osten, viele Tempel von hier aus zu Fuß zu erreichen – sehr preiswert. *28 Zi. | 1-1-2 Gogenmachi, Shirakawabashi, Sanjyodori | Tel. 075/761–81 35 | Fax 761–81 38 | www.syukuhaku.jp | €*

HOLIDAY INN HOTEL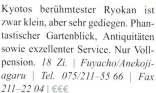
Gutes, ruhiges Touristenhotel, nahe der Universität, Shuttle nach Kyoto St., großes Shopping Center. *150 Zi. (20 Nichtraucher) | 36 Nishihirakicho, Takano, Sakyo-ku | Tel. 075/721–31 31 | Fax 781/61 78 | www.hi.kyoto.co.jp | €*

HYATT REGENCY KYOTO
Liebevoll im Stil eines modernen Ryokans rekonstruiertes Haus. Kurzer Fußweg zu Sanjusangen und Kiyomizudera. Ausgezeichneter Service, japanische und westliche Küche. *189 Zi. | 644-2 Sanjusangendomawaei, Higashiyama-ku | Tel. 075/541–12 34 | Fax 541–22 03 | www.kyoto.regency.hyatt.com | €€*

KYOTO BRIGHTON HOTEL
Westlich vom Kaiserpalast, ruhig gelegen, wunderschönes Atrium. Französisches Feinschmeckerrestaurant: exquisit und teuer. *183 Zi. | Shinmachi/Naka-dachiuri | Kamiyagi-ku | Tel. 075/441–44 11 | Fax 431–23 60 | www.brightonhotels.co.jp | €€€*

RIVERSIDE TAKASE (ANNEX KYOKA)
Kleines Gasthaus, in dem das Gemeinschaftsbad privat gemietet werden kann. *5 Zi. | Kiyamachi-dori, Kaminokuchi-agaru, Shimogyo-ku | Tel. 075/351–79 25 | Fax 351–79 20 | www.upwell.jp/kyoto/takase.html | €*

TAWARA-YA
Kyotos berühmtester Ryokan ist zwar klein, aber sehr gediegen. Phantastischer Gartenblick, Antiquitäten sowie exzellenter Service. Nur Vollpension. *18 Zi. | Fuyacho/Anekoji-agaru | Tel. 075/211–55 66 | Fax 211–22 04 | €€€*

WESTIN MIYAKO
Die Grand Dame ist unter neuem Management erblüht. Super gelegen in den Hügeln beim Nanzen-ji. *528 Zi. | Sanjo/Keage | Tel. 075/771–71 11 | Fax 751–24 90 | www.starwoodhotels.com/westin/property | €€*

■ AM ABEND

GION CORNER
Vorgestellt werden Teezeremonie, Ikebana, höfische Musik und Tanz. Etwas touristisch, sehr gut als Einblick, aber nichts für Kenner. *Tgl. 19.40 und 20.40 Uhr | 2400 ¥ | Karten in vielen Hotels erhältlich, keine Aufführungen am 16. Aug. und von Nov.–Feb. | 322 Gionmachi-kitagawa | Higashiyama-ku | Tel. 075/561–11 19 | www.kyoto-gion-corner.info*

GION KOBU-KABURENJO
Maikos (angehende Geishas) führen hier im April die traditionellen Kirschblütentänze *(Miyako o dori)* auf. Die Vorstellungen (dreimal täglich) sind ein kultureller Höhepunkt. *Yaei Kaikan | 570-2 Giommachi-minamigawa | Higashiyama-ku | Tel. 075/561–11 15*

80 | 81

KYOTO

Insider Tipp **MINAMI-ZA**
Eines der ältesten Kabuki-Theater Japans. Englische Übersetzung über Kopfhörer. Höhepunkt ist das Kaomise-Fest vom 1. bis 26. Dez. Dann trifft sich auf der Bühne die Crème der klassischen Schauspielkunst Japans. Vorbestellung nötig! *Shijo-ohashi, Higashi-zume, Higashiyama-ku | Tel. 075/561–01 60*

PONTO
Die moderne Vergnügungsmeile war früher der Hinrichtungsplatz von Kyoto und ist heute als Welt des „kleinen Mannes" das Pendant zum eleganten Gion. Am Ufer des Kamo reiht sich eine Vielzahl von Restaurants mit traditioneller, aber auch moderner, westlich orientierter Experimentalküche. An Sommerabenden nicht versäumen: ein Glas in einer **Insider Tipp** der Terrassenbars über dem Fluss. *Hankyu-S-Bahn bis Kawaramachi*

■ AUSKUNFT ■
TOURIST INFORMATION CENTER
Hauptbahnhof | Tel. 075/344–33 00

■ ZIELE IN DER UMGEBUNG ■
ARASHIYAMA [135 F3]
Die Brücke *Togetsu-kyo* am westlichen Stadtrand ist ein beliebtes Ziel zur Kirschblüte. Schöner noch ist ein Spaziergang am Sommerabend, wenn man den Kormoranfischern zuschauen kann. Romantisch ist die Laubfärbung, wenn das Ufer in rot und orange leuchtet. An Wochenenden überlaufen!

Nur wenige Hundert Meter vom Nordufer des Hozu-Flusses entfernt liegt die Tempelanlage *Tenryu-ji* der Rinzai-Zen-Schule. Ein Priester sah hier einst im Traum einen Drachen aus dem Fluss steigen. Aus Sorge, dies bedeute eine nahende Verstimmung des Kaisers, baute man 1339 den „Tempel des Himmelsdrachens". Auf dem riesigen Gelände mit 150 Nebentempeln warten zwei Highlights der Gartenkunst: den *Garten Sogenchi*, schon im 14. Jh. angelegt, und das vielleicht schönste und prächtigste *Teehaus* Kyotos im *Garten Okochi-Sanso*. Den Hügel im Hintergrund hat der Architekt so umgestaltet, dass er einem Berg in China, der vom japanischen Adel sehr verehrt wurde, ähnelt.

Die adligen Dichter im alten Japan wussten, wo einem die besten Gedanken kommen. Der Poet Fujiwara Teika (1162–1241), berühmt für seine Anthologie Heian-zeitlicher Lyrik, residierte gleich hinter dem Tempel auf dem Berg Ogura, der auch heute noch ein herrliches Kyoto-Panorama bietet. Schon der zehnminütige Fußweg durch einen dichten und geheimnisvollen Bambuswald ist ein Erlebnis. *April–Okt. tgl. 8.30–17.30, sonst 8.30–17 Uhr | Eintritt 900 ¥ inkl. einer Tasse grünem Tee und einer Süßigkeit | S-Bahn Keifuku Arashiyama bis Hankyu Arashiyama | Busse 11, 28, 93 bis Arashiyama Tenryu-ji-mae*

BYODO-IN [135 F3]
Eigentlich müsste man den Tempel aus der Vogelperspektive sehen. Als er im Jahr 1052 aus einer herrschaftlichen Villa der Fujiwara-Sippe zu einer Stätte des Buddhismus umgewandelt wurde, wollten die Architekten dem Phönix aus der chinesischen Mythologie, der im alten Nippon als

> *www.marcopolo.de/japan*

Beschützer Buddhas verehrt wurde, ein Denkmal setzen. So bauten sie die (1053) *Phönixhalle,* auf deren Dach zwei Bronzevögel sitzen. Nicht auf den ersten Blick zu erkennen ist aber, dass die zentrale Halle mit den drei Korridoren, die Flügel und Schwanz symbolisieren, einem Phönix ähnelt, der am See landet. *Tgl. 8.30–17 Uhr | Eintritt 600 ¥ | JR-Nara-Bahn bis Uji (ca. 40 Min.)*

KATSURA-RIKYU ★ [135 F3]

Der kaiserliche Sommersitz ist eines der schönsten Anwesen Japans. Das 1624 gebaute Schlösschen, die ausgefeilte Gartenarchitektur, die verstreut platzierten Teehäuser gehören zum Feinsten klassischer Baukultur Nippons. Der Gartenarchitekt Kobori soll den Auftrag nur unter drei Bedingungen angenommen haben: erstens keine Kostenbegrenzung, zweitens kein Fertigstellungstermin und drittens während der Arbeiten keine Besichtigung durch den Bauherrn.

Die Gesamtanlage bietet scheinbar nur Vorderansichten. Um den Teich gruppieren sich kleine Gärten mit Wegen aus Flusskieseln und moosbewachsenen Steinen. Die Landschaftsgestalter haben für hundert verschiedene Blickwinkel gesorgt. Der Besuchereingang ist das 1658 aufgestellte *Miyuki-Tor.* Im Inneren des Gartens sind drei Gebäude gegeneinander versetzt gebaut – *Furushoin* hat eine schöne Terrasse zum Mondbeobachten, *Naka-shoin* enthält wertvolle Gemälde und *Miyukiden* wurde für kaiserliche Besuche reserviert. *Besichtigung nur nach bestätigter Reservierung (kann nur in Japan beantragt werden, große Ho-*

Im „Moostempel" Saiho-ji

tels können das noch für den selben Tag erledigen), Sa/So geschl. | 1-1 Misono, Katsura, Nishikyo-ku, Hankyu-S-Bahn bis Katsura

SAIHO-JI (KOKE-DERA), JIZO-IN [135 F3]

Insider Tipp

Der „Moostempel" *(Koke-dera),* erstmals 731 erwähnt, ist ein seltenes Prunkstück altjapanischer Gartenkunst. Die heutige Anlage besteht aus einem Zen-Steingarten von 1339 und einer noch älteren Landschaftsgestaltung mit einem See in Form des Schriftzeichens „Herz". In diesem Gartenteil sollen hundert verschiedene Moosarten wachsen (Experten können nur 30 bis 40 belegen). Um die Schönheit und Idylle der Anlage zu bewahren, werden nur bis zu 200 Personen täglich eingelassen. *Der Besuch erfordert eine Anmeldung, die der Concierge eines guten Hotels für Sie erledigen kann (zu empfehlen*

82 | 83

NARA

Kyoto-Hotel | Tel. 075/211–51 11). Anschrift: Saiho-ji, 56 Kamigayacho, Matsuo, Nishikyo, Kyoto. Man erwartet pünktliches Erscheinen und eine Spende in Höhe von 3000 ¥. Der 90-minütigen Besichtigung geht eine Zen-Meditation oder ein anderes religiöses Pflichtprogramm voraus.

NARA

KARTE AUF SEITE 140

[135 F3] Wo wird man noch von leibhaftigen Götterboten begrüßt? In stolzer Haltung schreiten sie auf jeden Ankömmling zu, reiben die Köpfe zutraulich an deren Körper, interessieren sich für mitgebrachte Taschen und betteln um Nahrung. Rund 1200 zahme Rehe und Hirsche durchstreifen den Stadtpark der Kaisermetropole Nara. In vorbuddhistischer Zeit galten die Tiere als „Abgesandte des Himmels", durften bei Androhung der Todesstrafe nicht gejagt werden. Heute gelten sie als „lebender Nationalschatz".

Die erste ständige Hauptstadt Japans wäre auf Grund ihrer guten klimatischen Lage wohl lange Tenno-Residenz geblieben, wenn es die Mönche nicht so toll getrieben hätten. Nachdem der Priester Dokyo eine Kaiserin verführte und damit beinahe auch noch den Thron an sich gerissen hätte, beschloss der Hof, sich dem wachsenden Einfluss des Klerus zu entziehen, und gründete als neue Residenz das rund 50 km entfernte Kyoto. Somit währte die Nara-Ära nur 75 Jahre.

Damals allerdings wurde unter chinesischem Einfluss der Grundstein für eine eigenständige japanische Kultur gelegt. Der Buddhismus stieg zur Landesreligion auf und bestimmte seither das gesellschaftliche und künstlerische Leben maßgeblich

Man nennt ihn auch den Schrein der Zehntausend Laternen: Kasuga Taisha

WESTJAPAN

mit – noch heute sichtbar an Bauten und Bildnissen.

Die am nördlichen Ende des fruchtbaren Yamato-Tals gelegene Stadt (370000 Ew.) beherbergt im östlichen Stadtteil Nara-koen (Nara-Park), acht von der Unesco als Welterbe anerkannte Stätten. Nara bereitet sich mit umfangreichen Rekonstruktionsarbeiten auf seine 1300-Jahrfeier 2010 vor. Deshalb sind einige Kulturschätze zeitweise nicht zugänglich.

■ SEHENSWERTES ■

ISUI-GARTEN

Dieser vielleicht schönste Garten Naras mit einem Karpfenteich aus der Meiji-Ära (1868–1912) ist eine willkommene Oase zum Ausruhen nach anstrengender Tempeltour. Für 450 ¥ kann man beim Tee die Aussicht genießen. *Mi–Mo 10–16.30 Uhr | 18. Dez.–6. Jan. geschl. | Eintritt 600 ¥ | 74 Suimon-machi*

KASUGA TAISHA ⭐

Die Attraktion des im 8. Jh. gegründeten Klan-Schreins der Fujiwara ist der Laternenweg mit 3000 Stein- und Bronzelampen. Zweimal im Jahr werden sie zum *Laternenfest Mantoro (2.–4. Feb., 14.–15. Aug.)* ab 18 Uhr angezündet. Am jeweiligen Abschlusstag findet im Apfelgarten eine traditionelle Tanzvorstellung statt. In der Schatzkammer Homotsuden sind Insignien der Shinto-Zeremonien und Zubehör für die Aufführungen im klassischen Theater zu besichtigen. *Schreingelände tgl. 6.30–17.30, Schatzkammer 9–16 Uhr | Eintritt 420 ¥ | im Südosten des Nara-Parks*

KOFUKU-TEMPEL

Dieser Haupttempel des in seiner Blütezeit Nara beherrschenden Fujiwara-Klans wurde aus Kyoto umgesiedelt, als Nara Hauptstadt wurde. Wie bei vielen Holzbauten haben auch hier Feuersbrünste und Kriege wenig Altes überdauern lassen. Von den einst 175 Gebäuden stehen heute nur noch ein Dutzend, darunter die fünfstöckige Pagode, Naras Wahrzeichen. Der Tempel birgt die nationale Schatzkammer Kokuhokan – ein Museum mit geretteten Kunstwerken aus allen Landesteilen. Die östliche Halle Tokondo stammt noch aus dem 15. Jh.; sie birgt eine berühmte Bodhisattva-Statue aus dem 7. Jh. *Tempelgelände stets geöffnet | Eintritt frei | Schatzkammer tgl. 9–17 Uhr | Eintritt 500 ¥ | 48 Noborioji*

NATIONALMUSEUM

Das 1895 erbaute und 1972 erheblich erweiterte Haus beherbergt Schätze des 6. bis 8. Jhs. Der moderne Flügel ist der buddhistischen Kunst gewidmet. Im alten Teil sind wechselnde Ausstellungen zu sehen. Etwa vom 20. Oktober bis zur ersten Novemberwoche werden Kaiserschätze aus dem Shoso-in gezeigt. *Di–So 9–16 Uhr | Eintritt 420 ¥ | Sonderausstellungen 830 ¥ | 50 Noborioji-cho*

TODAI-JI ⭐

Die riesige Tempelanlage wurde 745 von Kaiser Shomu als Hauptsitz aller buddhistischen Tempel Nippons begründet. Sie ist die Hauptattraktion Naras. Zur Haupthalle gelangen Sie durch das von 16 Säulen getragene Tor *Nandaimon* aus dem 12. Jh. Dabei passieren Sie zwei besonders grimmig

NARA

ausschauende *Devas*, die Wächter Buddhas. Diese Holzfiguren der aus Kamakura stammenden Bildhauer Unkai und Kaikei aus dem 13. Jh. wurden aufwendig restauriert und zählen zu den künstlerisch hochwertigsten Skulpturen, die Japan bietet.

Der Große Buddha im Todai-ji

Sehenswert ist die *Halle des Großen Buddha*. Zwar ist sie im Zuge mehrerer Rekonstruktionen auf zwei Drittel ihrer ursprünglichen Ausmaße geschrumpft, gilt aber mit 57 m Länge, 50,5 m Breite und 48,7 m Höhe noch als die größte Holzbauwerk der Welt. Im Inneren steht auf einem Bronzepodest in Form einer Lotosblüte der Große Buddha *(Daibutsu)* aus Bronze. Seine rechte Hand verheißt Frieden, die linke die Erfüllung der Wünsche.

Für den Guss der über 16 m hohen Statue wurden 437 t Bronze, 130 kg Gold und 7 t Wachs verwendet. Das Original aus dem Jahr 749 soll sogar um ein Drittel größer gewesen sein. Den nicht nur für damalige Verhältnisse verschwenderischen Aufwand erklären Historiker damit, dass Kaiser Shomu mit diesem Monumentalbuddha eine verheerende Pockenepidemie bannen wollte, die nicht nur ungezählten Menschen das Leben kostete, sondern auch die Macht des Tennos untergrub.

Selbst wenn Größe und Gewicht kein Garant für Schönheit sind, macht die Statue allein schon auf Grund der Ausmaße einen gewaltigen Eindruck. Allerdings wird über die Figur viel Unsinn erzählt, z.B. dass man durch die Nasenlöcher des fast 5 m großen Kopfes mit einem aufgespannten Regenschirm klettern könnte.

Suchen Sie an der Rückseite des Buddha eine Holzsäule mit kleinem Durchlass. Wer sich durch die Öffnung zwängen kann, findet angeblich Erleuchtung. Kinder schaffen das – rücklings, mit den Füßen zuerst – spielend und haben viel Spaß daran. *Nov.–Feb. 8–16.30, März 8–17, April–Sept. 7.30–17.30, Okt. 7.30–17 Uhr | Eintritt 500 ¥*

Shoso-in: Ein kurzer Spaziergang nördlich des Daibutsu führt zum al-

> *www.marcopolo.de/japan*

WESTJAPAN

ten kaiserlichen Schatzhaus. In dem Holzgebäude regelt sich die Luftfeuchtigkeit durch das klimabedingte Ausdehnen und Zusammenziehen der Balken von selbst. Seit 1963 befinden sich die Schätze jedoch im Nationalmuseum von Nara.

Kaidan-in: Westlich vom Daibutsu entfernt stehen in dieser Halle berühmte Tonfiguren der Vier Himmelskönige. Hier fand früher die Priesterweihe statt. *Öffnungszeiten wie Todai-ji | Eintritt 400 ¥*

Nigatsu-do: Ein paar Steintreppen führen von der Halle des Großen Buddha Richtung Osten zu dieser Halle, wo alljährlich vom 1. bis 14. März nach Mitternacht das Fest Omizutori – die Zeremonie des Wasserschöpfens – stattfindet, eine spezielle Weiheperiode für die Mönche dieses Tempels. Von hier aus bietet sich in der Abenddämmerung ein pittoreskes Stadtpanorama. *Öffnungszeiten wie Todai-ji | Eintritt frei*

Sangatsu-do: Dieses älteste Gebäude des Komplexes besitzt eine feine Sammlung von Figuren aus der Nara-Zeit (710–794). *Öffnungszeiten wie Todai-ji | Eintritt 400 ¥*

■ ESSEN & TRINKEN ■

Am besten speisen Sie im Bahnhof von Nara und in der nahe gelegenen Einkaufspassage Higashi-muki.

MOMOYA

Ein auf *Chagayu* – in grünem Tee gekochten Reisbrei – spezialisiertes Lokal. Die Einwohner von Nara lieben dieses Gericht als spätes Frühstück. *Mo u. Do geschl. | 1286 Takabatake Fukui-cho | Tel. 0742/ 22–87 97 | €*

YANAGI CHAYA

Hier kochen die Mönche vom Todaiji und Kofuku-ji, in dessen Nähe das Restaurant liegt, vorwiegend vegetarisch. Unbedingt reservieren. *Mo geschl. | 4–48 Noborioji-cho | Tel. 0742/22–75 60 | €€*

YOSHIKAWA TEI

Französisches Bistro. Preisheit: das dreigängige Mittagsmenü. *Mo geschl. | 17 Hanashiba-cho | 1. Stock San-Fukumura Bldg. | Tel. 0742/23–76 75 | €€*

■ ÜBERNACHTEN ■

HOTEL FUJITA NARA

Sehr gutes Mittelklassehotel in zentraler Lage, nahe an vielen wichtigen Sehenswürdigkeiten. *117 Zi. | 47-1, Shimosanjo-cho | Tel. 742/23–81 11 | Fax 22–02 55 | www.fujita-nara.com | €*

NARA HOTEL

Eine der wenigen japanischen Herbergen, die als Grand Hotel gelten können mit hohen Decken im Altbau. Etwas altmodisch, aber Japaner stellen sich so europäische Tradition vor. Das japanische Frühstück gilt als Delikatesse. *132 Zi. | 1096 Takabatake-cho | Tel. 0742/26–33 00 | Fax 23–52 52 | www.narahotel.co.jp | €€*

WASHINGTON HOTEL PLAZA NARA

Solides Geschäftshotel in bester touristischer Lage, ausgezeichnete und relativ preiswerte japanische Küche. *204 Zi. | 31-1 Shimosanjocho | Tel. 742/27–04 10 | Fax 27–04 84 | €*

■ AUSKUNFT ■

NARA CITY TOURIST CENTER

Ausgezeichneter Stadtplan *„Strolling around Nara"*. Vermittelt auch

NARA

ehrenamtliche Fremdenführer. Die Kosten während der Führung sollte man selbst übernehmen. *23-4 Kamisanji-cho | Tel. 0742/22–39 00; Infostellen auch in den Bahnhöfen JR Nara und Kintetsu-Nara*

■ ZIELE IN DER UMGEBUNG ■
HORYU-JI [135 F3]

Um den ältesten vollständig erhaltenen Tempel Japans (606) ranken sich viele Mythen und Legenden. Hier lebte Prinzregent Shotoku, der als Schirmherr des japanischen Buddhismus gilt. Der Sage nach meditierte er schon kurz nach seiner Geburt im Stehen. Eine Statue in der Schatzhalle soll davon Zeugnis ablegen.

Die Bedeutung des ausgedehnten Komplexes mit 45 denkmalgeschützten Gebäuden – darunter 17 als wertvolle Kulturschätze eingestufte – liegt darin, dass hier die wohl ältesten existierenden Holzbauten der Welt zu einem der schönsten Tempelkomplexe Ostasiens arrangiert sind. Die Anlage gliedert sich in den historisch besonders wertvollen Westtempel *(Sai-in)* und den Osttempel *(To-in)*. Im Westteil bilden die 607 erbaute fünfstöckige Pagode und die *Goldene Halle (Kondo)* ein asymmetrisches Pendant zur hinteren *Vorlesungshalle (Daikodo)*. Vier Nischen im Erdgeschoss der Pagode zeigen buddhistische Szenen: im Osten zwei Bodhisattvas, im Norden Buddhas Eintritt in das Nirwana, im Westen die Verbrennung der Gebeine Buddhas und im Süden das Paradies des zukünftigen Buddha. Die *Buddha-Shakyamuni-Triade* in der Haupthalle *(Kondo)* zählt zu den größten buddhistischen Schätzen Japans. Leider ist die Beleuchtung schlecht. Eine Taschenlampe hilft.

Durch das Osttor gelangt man zur *Halle der Träume (Yume-dono)*, dem ältesten oktogonalen Holzbau Japans. Hierher soll sich der Prinzregent zu besonderen Meditationen zurückgezogen haben. Im Inneren befindet sich die lange verschollene Kuse-Kannon, eine 180 cm hohe Statue, die Kenner als die schönste Japans bezeichnen. Leider ist sie nur vom 11. April–15. Mai und vom 22. Okt.–20. Nov. zu besichtigen.

In Koraku, dem „Garten der späteren Freuden", sind japanische Landschaften nachgebildet

WESTJAPAN

Tgl. 9–16.30 Uhr | Eintritt 1000 ¥ | 12 km südwestlich der Stadt am JR-Bahnhof Horyu-ji-mae | www.horyuji.or.jp/hiryuji_e.htm

TOSHODAI-JI [135 F3]

Kaiser Shomu ließ für den Bau dieses Tempels in Nishi-no-Kyo, der heute Hauptsitz der buddhistischen Ritsu-Sekte ist, im Jahr 759 aus dem Reich der Mitte den Priester und Baumeister Ganjin nach Japan holen. Auch alle Statuen, die dort aufgestellt wurden, stammen aus China. Zu bewundern sind vor allem die drei fantastischen Buddhas in der *Haupthalle (Kondo)*. Eine Lackfigur des Meisters Ganjin wird allerdings nur an dessen Geburtstag hervorgeholt. Der chinesische Priester brauchte übrigens sechs Anläufe, um hierher zu kommen: Stürme, ein Schiffbruch und viel Bürokratie verhinderten fünfmal die Überfahrt. Als er endlich mit dem Bau beginnen konnte, war er erblindet. *Tgl. 8.30–16.30 Uhr | Eintritt 300 ¥ | Busse 52, 63, 70, 97, 98 vom JR- oder Kintetsu-Bahnhof Nara bis Yakushi-ji-higashiguchi*

OKAYAMA

[135 E3] **700 000 Menschen leben in der modernen Präfekturhauptstadt westlich von Honshu.** Okayama ist eine Industriestadt, unter anderem wird hier Kautschuk produziert. Doch es gibt einige touristische Attraktionen, die einen Abstecher lohnen: etwa die spektakuläre Seto-Ohashi-Brücke, die über 9 km zur Shikoku-Insel führt. Und natürlich der Koraku-en, der neben denen von Kanazawa und Mito zu den drei schönsten Gärten Japans zählt.

■ SEHENSWERTES
KORAKU-GARTEN

Die 1700 fertig gestellte Grünanlage war der erste Garten Japans mit ausgedehnten Rasenflächen, die von prachtvoll arrangierten Bambus, Kiefern und Kirschbäumen gekrönt werden. *Tgl. 7.30–18, Okt.–März 8–17 Uhr | Eintritt 350 ¥ | www.okayama-korakuen.jp*

■ ÜBERNACHTEN
BENESSE-HOTEL ▶▶

Kunst im Hotel ist das Konzept dieses Hauses auf der Insel Naoshima. Das von Stararchitekt Tadao Ando gebaute Hotel fasziniert mit zeitgenössischer Kunst. Nebenan liegt das *Chichu-Museum*, auch von Ando entworfen. *16 Zi. | Naoshima, Kagawan-gun (von Okayama mit dem Bus nach Uno und von dort stündliche Fähre) | Tel. 087/892–20 30 | Fax 892–22 59 | www.naoshima-is.co.jp | €€€*

■ AUSKUNFT
OKAYAMA CITY SIGHT SEEING OFFICE

JR Okayama Station | 1-1 Ekim-Motomachi | Tel. 086/222–29 12

88 | 89

OSAKA

OSAKA

[135 F3] **Osaka ist gewissermaßen die ewige Zweite. Ökonomisch steht es im Schatten der Hauptstadt Tokio, kulturell wird Osaka von der alten Kaiserresidenz Kyoto übertrumpft.** Als Standort traditioneller Industrien litten Stadt und Umgebung besonders unter der langen wirtschaftlichen Krise. Jetzt herrscht unter den 2,6 Mio. lebenslustigen Osakern jedoch wieder Aufbruchstimmung. Osaka will die „Roboterhauptstadt der Welt" werden. Verwaltung und Privatwirtschaft organisieren dazu gemeinsam Forschung und Entwicklung von entsprechenden Technologien. Zur Wiederbelebung der Wirtschaft werden gleichzeitig so genannte Bio-Cluster, Zentren für biotechnische Forschung, gefördert.

Die Stadt selbst erfindet sich ebenfalls neu. Im Verwaltungs- und Geschäftsbezirk Umeda im Norden entstehen neue Einkaufs- und Unterhaltungszentren wie das *Herbis Ent* mit 83 Restaurants und Boutiquen sowie einer Theater- und einer Konzerthalle. Und bis 2011 soll die 24 ha große Nordseite des Hauptbahnhofs, den täglich 2,5 Mio. Menschen nutzen, zu einem Wohn- und Ausgehquartier umgebaut werden. Im Süden gestalten die Stadtväter das Flussufer und die Brücken um. Damit möchte Osaka dem Image der „Weltstadt des Wassers" mit 808 Brücken endlich auch mit attraktiven Flaniermeilen gerecht werden. Hier entstehen erstmals Promenaden mit schicken Cafés und Bootsstationen. Nicht mal in Tokio oder Kyoto können da noch mithalten.

■ SEHENSWERTES ■

FREILICHTMUSEUM

Elf traditionelle Bauernhäuser wurden aus allen Landesteilen zusammengetragen und originalgetreu wieder aufgebaut. Jedes bietet einen typischen Regionalstil. *April–Okt. tgl. 10–17, Nov.–März 10–16 Uhr | Eintritt 500 ¥*

MUSEUM FÜR ORIENTALISCHE KERAMIK

Eine der weltweit schönsten Sammlungen chinesischer und koreanischer Keramik mit über 1300 Exponaten. Ausgestellt werden u.a. zwei Nationalschätze und 13 als bedeutsam eingestufte Kunstwerke. *Di–So 9.30–17, Einlass bis 16.30 Uhr, Fei geschl. | Eintritt 500 ¥ | www.moco.or.jp*

OSAKA-BURG

Sie ist zwar nur eine Betonrekonstruktion von 1931, lässt aber ahnen, welche politische und militärische Macht sich hier im Mittelalter ballte. Als der Bau 1583 unter Shogun Toyotomi Hideyoshi fertig gestellt wurde, war hier das Zentrum des Reiches. Der Kriegsherr hatte Nippon gerade vereinigt und ließ seinen Stolz von 100 000 Arbeitern in einer „uneinnehmbaren Festung" aus Granit manifestieren. 32 Jahre später wurde sie von den Truppen seines Erzrivalen Shogun Tokugawa Ieyasu dem Erdboden gleich gemacht. 1997 wurde das Wahrzeichen Osakas aufwendig restauriert. Es beherbergt ein Geschichtsmuseum. *Tgl. 9–17 Uhr, 28. Dez.–2. Jan. geschl. | Eintritt 600 ¥ | www.osakacastle.net*

ROBOTERLABORATORIUM

Der kickende Fußballheld *VisiON*, der dinosaurierähnliche Sicherheits-

> *www.marcopolo.de/japan*

WESTJAPAN

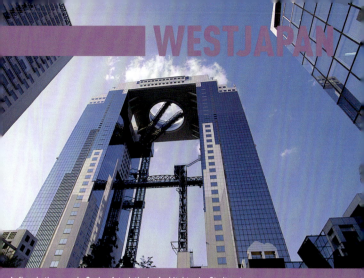

Aufbruchstimmung in Osaka: futuristische Architektur im Stadtzentrum

roboter *Banryu*, der singende *ifbot* für Kinder und einsame Pensionäre sowie andere Vertreter der künstlichen Intelligenz sind in diesem Laboratorium zu besichtigen. Hier wird an der Zukunft intelligenter Maschinen gearbeitet. Doch das Laboratorium ist erst der Anfang. 2009 wird in der Nähe der riesige *F&E-Komplex RoboCity* folgen. Interessenten sollten unbedingt einen Termin vereinbaren. *Osaka-Ekimae Dai3 Bldg. 16 F, 1-1-3 1600 Umeda, Kita-ku, Osaka 530-0001 | Tel. 06/63 47–78 77 | Fax 63 47–78 75 | www.robo-labo.jp*

SUMIYOSHITAISHA-SCHREIN

Der Haupttempel aller Sumiyoshi-Schreine schützt das Wohlergehen der Familien und der Reisenden. Er wurde zum Gedenken an die sichere Überfahrt einer Kaiserin im 3. Jh. nach Korea für die Shinto-Gottheiten der Meere errichtet. Die Anlage, in der noch einige originalgetreu nachgebildete Bauten des 3. Jhs. stehen, gehört zu den seltenen Bauwerken, die vor dem Einfluss des chinesischen Buddhismus auf Japans Shinto-Architektur entstanden. So sind die Hauptgebäude beispielsweise nicht mit Ziegeln, sondern mit Stroh bedeckt. *Tgl. 6–18 Uhr | Eintritt frei | 2-9-89, Sumiyoshi | Sumiyoshi-ku | www.sumiyoshitaisha.net*

UNIVERSAL STUDIOS

Insider Tipp

In diesem Hollywood-Themenpark spielen Kinofans die Hauptrolle. In „Jurassic Park" rettet Sie vor einem wild gewordenen Dinosaurier nur ein atemberaubender Sprung in 29 m Tiefe und totale Dunkelheit. „Back to the Future" katapultiert Sie von der Zukunft in die Vergangenheit. Und in „E.T." schwebt der Außerirdische mit dem Besucher auf einem Fahrrad durch den Raum. Gut besucht, daher vor den einzelnen Attraktionen lange Wartezeiten. *Die Öffnungszeiten schwanken nach Jahreszeit | Eintritt inkl. aller Erlebniswelten 5800 ¥ | Tel. 06/64 65–30 00 | Universal City | www.usj.co.jp*

90 | 91

OSAKA

◼ ESSEN & TRINKEN

Viele gute Restaurants finden Sie in der Einkaufspassage Dotonburi-dori im Stadtteil Namba, Minami-ku.

MIZUNO

60 Jahre altes, populäres Lokal, das die Spezialität *Okonomiyaki* serviert. Einheimische schwören auf diese japanische Pizza-Version, die gesund, nahrhaft, preiswert und schnell auf den Tisch kommt. . *Tgl. 11–22 Uhr | Osaka, Chuo-ku | Tel/Fax 06/62 12–63 60 | €*

DAIKOKU

Stadtbekanntes, altes Tofu- und Fischlokal. Spezialität des Hauses ist *Kayaku-gohan*, ein Gericht aus Reis, Tofu und verschiedenen Gemüsesorten – preiswert und nahrhaft. *So/Fei geschl. | 2-2-7 Dotonbori | Tel. 06/62 11–11 01 | €*

DOURAKU

Hier werden die von Japanern heiß geliebten Krabben in jeder Form und Preisklasse serviert. *Tgl. | Tel. 06/ 62 11–04 17 | www.douraku.co.jp | €–€€*

MIMIU HONTEN

Das gehobene Restaurant kreierte die Osakaer Nudelspezialität *Udon Suki*. Das Gericht aus Hühnerfleisch, Garnelen, Muscheln und Saisongemüse wird am Tisch frisch zubereitet. *So geschl. | 4-6-18 Hirano-cho | Tel. 06/62 31–57 70 | €€*

SHIN MIURA JIDORITEI YAKITORI

Diese Rekonstruktion eines Dorfes aus den 1920er-Jahren bietet zehn Restaurants mit einem guten Querschnitt durch die lokale Küche. Beliebt sind Nudelgerichte und Spießchen aus Huhn, Rind oder Schwein. *4. So im Monat und Fei geschl. | Umeida Sky Bldg., 1-1-90 Oyodonaka, Kita-ku | Tel. 06/64 40–59 57 | www.takimikoji.jp | €€*

◼ ÜBERNACHTEN

HILTON OSAKA

Am JR-Bahnhof Osaka gelegenes, modernes Haus mit 525 Zimmern und sehr guten Restaurants (auch westliche Küche). *1-8-8 Umeda, Kita-ku | Tel. 06/63 47–71 11 | Fax 63 47–70 01 | www.hilton.com | €€*

KAMEYA RYOKAN

Familienhotel mit japanischen und westlichen Zimmern nahe dem Aquarium. *12 Zi. | 1-22-4, Chikko, Minatoku | Tel. 06/65 71–08 29 | Fax 65 74–09 45 | www.kameya-ryokan. co.jp | €*

NEW OTANI

540 Zimmer, viele mit wunderbarem Blick auf die Burg, sehr guter Sportbereich mit Innen- und Außenpool, 15 Restaurants. *1-4-1 Shiromi, Chuo-ku | Tel. 06/69 41–11 11 | Fax 69 41–97 69 | www.osaka.newotani.co.jp | €€€*

OSAKA TOKYU HOTEL

Sehr gutes Mittelklassehotel im Herzen der Stadt. *336 Zi. | 7-20 Chayamachi, Kita-ku | Tel. 06/63 73–24 11 | Fax 63 47–70 01 | www.tokyuhotels. co.jp/en | €€*

◼ AM ABEND

NAMBA

In diesem Herzstück der Südstadt findet man alles, was schmeckt und

> *www.marcopolo.de/japan*

WESTJAPAN

Spaß macht. Vor allem in der Straße Dotonbori, die sich am Kanal entlang schlängelt, drängen sich Karaokebars, Pachinko-Spielhallen und andere Vergnügungsstätten. Lassen Sie sich nicht in Nepplokale locken! Von der Brücke Ebisubashi können Sie die Glitzerwelt aus der Entfernung betrachten.

Wer es eleganter liebt, nimmt im ☼ *Windows of the World* auf der 35. Etage des Osaka Hilton einen Drink. Die Aussicht ist die beste der Stadt – und entsprechend teuer: Tischgebühr 2500 ¥, Getränke ab 1000 ¥ *(tgl. 11 Uhr bis nach Mitternacht)*.

NATIONALES BUNRAKU-THEATER

Das in Osaka begründete traditionelle Puppentheater Bunraku wurde 2003 zum Unesco-Kulturerbe erklärt. Die farbenprächtigen Aufführungen, meist Heldendramen und Liebesgeschichten, können mehrere Stunden dauern, man sollte sich als Kostprobe nur ein oder zwei Akte (je ca. 30 Min.) anschauen. Eine Puppe – sie ist etwa halb so groß wie ein Mensch – wird von drei Personen bewegt. Das Geschehen auf der Bühne wird von Erzählern, die im dramatischen Singsang die Story erläutern und Shamisen-Musik begleitet. Neuerdings werden auch englische Erklärungen geboten. *1-12-10, Nipponbashi, Chuo-ku | Tel. 06/62 12–11 22 | www.ntj.jac.go.jp*

AUSKUNFT

VISITORS INFORMATION CENTER
JR Shin-Osaka Stn., 5-16-1, Nishinakajima, Yodokawa-ku | Tel. 06/63 05–33 11 | Fax 63 05–34 06 | www.osaka–info.jp

Abendliches Vergnügen beim Pachinko, dem Spiel mit den Glückskugeln

92 | 93

> VIEL SPASS BEI EINEM BAD IN DER HÖLLE

Die heißen Quellen von Beppu und die Residenz der Madame Butterfly sollten Sie sich nicht entgehen lassen

> Japans Süden ist bekannt durch Puccinis „Madame Butterfly", aber es gibt viel mehr zu erleben: teuflisch heiße Quellen, das kosmopolitische Fukuoka, die Vulkankegel des Sakurajima – und mit Nagasaki jener Ort, an dem sich Japan und der Westen erstmals begegneten.

Das Klima ist milder als im übrigen Inselreich, aber man sagt sicher zu recht, dass kein Taifun und auch kein Erdbeben um Kyushu – die südlichste Hauptinsel des Archipels – einen Bogen machen. Das Besondere aber sind die Menschen: überaus freundlich, bemerkenswert trinkfest und von geruhsamem Lebensstil.

BEPPU

[134 C4] Dampf steigt auf am Straßenrand, es riecht nach Schwefel: Beppu (130 000 Ew.) ist das Eldorado der Thermalbäder *(Onsen)* Nippons. Die besten Bäder finden Sie in Bahnhofsnähe,

Bild: Fukuoka, Kunst in der Stadt

SÜDJAPAN

das populärste ist *Takegawara* mit einem schönen Sandbad *(60 ¥ | tgl. 6.30–23.30 Uhr | Sandbad plus 600 ¥)*. Der *Kannawa-Onsen* im Norden verfügt über ein Dampfbad *(tgl. 6.30–20 Uhr | Eintritt 150 ¥)*. Im *Shibaseki Onsen* gibt es ein Gemeinschaftsbecken ohne Geschlechtertrennung, was rar geworden ist in Japan. Außerdem kann man auch ein *Kazokuburo*, ein Familienbad, mieten *(tgl. 7–20 Uhr | 100 ¥, Familienbad 1050 ¥/Std.)*.

SEHENSWERTES

„HÖLLENVIERTEL" KANNAWA

Die Einheimischen nennen die Quellen wegen ihrer extremen Temperaturen „Höllen" und nutzen das Wasser zum Heizen oder Kochen. Mehr als 1 Mio. Hektoliter werden täglich abgepumpt. Jede Quelle ist etwas Besonderes: *Umi-jigoku*, die „Seehölle", hat intensiv blaues Wasser mit Zusätzen aus Schwefel und Eisen und ist 98 Grad heiß. Sie wurde vor

94 | 95

FUKUOKA

1200 Jahren entdeckt. *Chi-no-ike-jigoku* – die „Bluthölle" – ist tiefrot gefärbt, aus dem kleinen See dampft gewaltig. In der *Kamado-jigoku* – der „Ofenhölle" – schwappen heiße Schlammquellen. *Yama-jigoku*, die „Berghölle", wirkt wie ein in stets neu aufwallende Nebelschwaden gehüllter

ÜBERNACHTEN

SAKAEYA MINSHUKU
Das älteste Gasthaus am Ort mit dem Charme der Meiji-Zeit (1868–1912). Der Steinofen im Innenhof wird von einer heißen Quelle gespeist. *12 Zi. | Ida, Kannawa | Tel. 0977/66–62 34 | Fax 66–62 35 | €*

Geheimnisvoll in Dampfschwaden gehüllt: die „Bluthölle" von Beppu

Fels. Und *Tatsumaki-jigoku*, die „Zyklonhölle", ist ein Geysir, der alle 30 Minuten heißes Wasser speit. Die kräftige Fontäne kann man dann für drei Minuten bestaunen.

Sechs der neun berühmtesten heißen Quellen von Beppu liegen fußläufig beieinander, die beiden anderen etwa 1 km außerhalb von Kannawa. **Insider Tipp** Erwerben Sie den *Jigoku Meguri Circuit Pass*, der für alle „Höllen" gilt *(2000 ¥, Eintritt einzeln je 400 ¥).*

AUSKUNFT

BEPPU CITY TOURIST INFORMATION
JR Beppu Station North Exit, 12-13 Ekimae-cho Beppu City | Tel. 0977/23–11 19 | Fax 21–62 20

FUKUOKA

[134 B4] Streng genommen leben die 1,4 Mio. Einwohner dieser größten Metropole im Norden von Kyushu in zwei verschiedenen Städten: im Westen das eher bür-

> www.marcopolo.de/japan

SÜDJAPAN

gerliche Fukuoka, im Osten das proletarische Hakata. 1889 miteinander vereinigt, achten beide streng auf ihren Besitzstand. Der Shinkansen-Endbahnhof heißt Hakata, der Flughafen ist nach Fukuoka benannt. Fukuoka hat kosmopolitisches Flair. Hier lässt sich gut einkaufen und feiern. Und nirgends sonst gibt es eine richtige Strandpromenade mitten in der Stadt. Fukuoka gilt außerdem als „Wiege der japanischen Zivilisation": Die ältesten Funde deuten darauf hin, dass hier schon 300 v. Chr. Menschen siedelten.

SEHENSWERTES

CANAL CITY
Ein wahres Konsum- und Vergnügungsparadies mit interessanter Architektur, zahlreichen Boutiquen und Bistros und 13 Kinos. An einem künstlichen Fluss steht ein Amphitheater. *www.canalcity.co.jp*

FUKUOKA KUNSTMUSEUM
Das Museum bietet eine der besten Sammlungen zeitgenössischer asiatischer Kunst sowie eine Bibliothek. *Do–Di 10–19.30 Uhr | Eintritt 200 ¥ | 7./8. Etage des Hakata-Riverain-Komplexes, Stadtteil Kawabata, 1-6 Ohori-Koen, Chuo-ku*

FUKUOKA TOWER ☼
Dieses Wahrzeichen der Stadt ist mit 234 m Höhe auch das auffälligste Gebäude. Vom *Café Dart* bietet sich ein schöner Blick in der Abenddämmerung. *Tgl. 9.30–21, Okt.–März 9.30–22 Uhr | Eintritt 800 ¥ | www.fukuokatower.co.jp*

FUKUOKA STADTMUSEUM
Gezeigt werden Beispiele für die kulturelle Verbindung Japans zu den asiatischen Nachbarn, darunter das Goldsiegel eines chinesischen Kaisers sowie wunderschöne Antiquitäten. *Di–So 10–19 Uhr | Eintritt 250 ¥ | 3-1-1 Momochihama, Sawara-ku (beim Fukuoka Tower), Momochi*

ESSEN & TRINKEN

GYOSAKI
Was den Fischern von Fukuoka ins Netz geht, landet hier auf dem Teller, vor allem Sushi und Sashimi. *So geschl. | 3-30-26 Hakata-ekimae | Tel. 092/471–93 27 | €€*

SHIN MIURA
Auf Hühnergerichte spezialisiertes Lokal mit freundlichem Service. *Tgl. | 21–12 Sekijo-machi | Tel. 092/291–08 21 | €€*

MARCO POLO HIGHLIGHTS

★ **„Höllenviertel" Kannawa**
Im Thermalbad-Eldorado von Beppu dampft es überall aus der Erde
(Seite 95)

★ **Sakurajima**
Der aktive Vulkan bei Kagoshima schleudert beinahe täglich Asche
(Seite 99)

★ **Glover Garden**
Schon von Weitem hört man in dem Park in Nagasaki Madame Butterfly
(Seite 101)

★ **Schlachtfeld**
Tausende Japaner begingen in der Nähe von Okinawa Selbstmord
(Seite 105)

FUKUOKA

■ ÜBERNACHTEN ■

HOTEL NIKKO FUKUOKA

Das beste Haus am Platz mit 359 Zimmern. *2-18-25, Hakata Ekimae, Hakata-ku | Tel. 092/482–11 11 | Fax 482–11 27 | www.hotelnikko-fukuo ka.com | €€*

SEA HAWK HOTEL & RESORT

Direkt an der Meerespromenade gelegen, in der Nähe einer Ausgehviertels mit vielen Geschäften. Auch japanisch eingerichtete Zimmer. *1052 Zi. | 2-2-3 Jigyohama, Chuo-ku | Tel. 092/844–81 11 | Fax 844–77 76 | www.hawkstown.com | €€*

■ AUSKUNFT ■

KITA-KYUSHU CITY TOURIST ASSOCIATION

JR Mojiko Stn. 1 Fl. | 1-5-31 Nishi-Kaigan, Moji-ku | Tel. 093/321–61 10 | Fax 321–17 75

■ ZIEL IN DER UMGEBUNG ■

KUMAMOTO   [134 B5]

Keine andere Stadt in Japan ist so deutsch wie diese. In der Universitätsstadt (650 000 Ew.), 70 km entfernt von Nagasaki, gibt es deutsche Bäckereien und Fleischereien, Restaurants, Bierstuben, einen deutschsprachigen Chor und einen Kreis für deutsche Spiele. Über die Gründe darf spekuliert werden. Ein beträchtlicher Teil der Menschen hier hat schon einmal mit Deutschland zu tun gehabt, sei es als Austauschschüler, Student, als Gastfamilie oder als Tourist. Denn: Heidelberg ist die Partnerstadt von Kumamoto.

Eine Besichtigung lohnt die Burgruine. Die fast 400 Jahre alte Festung gehört zu den drei berühmtesten in Japan. Hier versammelten sich 1877 die letzten Samurai zu einem Aufstand gegen das Kaiserreich. Ihre

Blick auf den Feuerberg: Über dem Vulkan Sakurajima steht ständig eine Rauchwolke

Niederlage – im Hollywood-Film „Der letzte Samurai“ mit Tom Cruise beschrieben – besiegelte das Ende der Feudalzeit Nippons. *Tgl. 8.30–17.30 (im Winter bis 16.30 Uhr) | 1-1 Honmaru-machi | 500 ¥*

Von der Burg ist es ein kurzer Fußweg zum *Hotel Nikko Kumamoto*. Zimmer nach europäischem Standard. *191 Zi. | 2-1, Kamitori-cho, Kumamoto-shi, Kumamoto 860-8536 | Tel. 096/211–15 26 | Fax 096/211–11 75 | www.nikko-kumamoto.co.jp* | €€

KAGOSHIMA

[134 B6] **Vergleichsfreudige Japaner nennen die südlichste Metropole von Kyushu gern „Neapel des Ostens“ – ein leicht vergiftetes Kompliment.** Schön ist diese Stadt nur, wenn Kagoshimas Vesuv, der Sakurajima, gerade einmal nicht aktiv ist, und das kommt recht selten vor. Die knapp 540 000 Einwohner spannen oft einen Schirm auf gegen die heftigen Staubniederschläge, die von der anderen Seite der Kinko-Bucht herüber wehen. Manchmal sind Straßen und Autos zentimeterhoch mit Asche bedeckt.

In Kagoshima begann 1549 der heilige Franz Xaver seine katholische Missionsarbeit. Über 29 Generationen und fast acht Jahrhunderte prägte der Feudalklan Shimazu von hier aus – weit weg von der Hauptstadt – die Geschicke von Südjapan bis hin nach Okinawa.

SEHENSWERTES

ISO-TEIEN

Das Geschlecht der Shimazu hinterließ der Stadt auch ihre schönste Attraktion: den malerisch in einer Bucht gelegenen Schlosspark mit Pflaumenbäumen und Bambushainen, in dem auch die fürstliche Residenz liegt. An einem kleinen Fluss wurden in noblen Zeiten rauschende Lyrikfeste gefeiert, bei denen jeder Teilnehmer schnell ein Gedicht verfassen musste, bevor das nächste Sake-Fass flussabwärts kam. Der Park ist leider nicht so gepflegt, wie Tourismusbroschüren versprechen. *Tgl. 8.30–17.30, im Winter 8.30– 17 Uhr | Eintritt 1000 ¥ | nördlich der Innenstadt*

SAKURAJIMA ★

1914 schleuderte der Vulkan 3 Mio. t Lava in die Meerenge, begrub mehrere Dörfer und schüttete zwischen Insel und Festland eine 400 m breite und 70 m tiefe Verbindung auf. Der letzte große Ausbruch war 1960. Seit 1955 spuckt einer der drei Kegel praktisch permanent Rauch und oft auch Asche aus. Einige Teile der Insel wirken wie eine verstaubte Mondlandschaft, andere sind extrem fruchtbar. Hier wachsen Rettiche mit einem Gewicht von bis zu 35 kg und einem Durchmesser von 1,5 m. Es ist verboten, den Vulkan zu besteigen, aber es gibt gute Aussichtspunkte ringsherum. Fähren verkehren alle 15 Minuten von einem Pier nahe dem Bahnhof. An der Anlegestelle gibt es ein Besucherzentrum *(Di–So 9–17 Uhr | Tel. 099/223–72 71)*.

ESSEN & TRINKEN

SATSUMA

Lokale Spezialitäten wie *Tonkotsu* (in Miso und braunem Zucker gekochte Schweinerippchen) und *Satsuma-jiri* (Misosuppe mit Huhn). *Mo*

NAGASAKI

geschl. | 27–30 Chuo-machi | Tel. 099/226–05 52 | €

SHOCHU TENGOKU
150 Shochu-Sorten – so viele wie nirgendwo sonst – machen dem Namen der Bar „Schnapsparadies" alle Ehre. *So/Fei geschl. | 9-33 Yamanokuchi-cho, Edo Yoshi Bldg. | Tel. 099/224–97 50 | €*

ÜBERNACHTEN

KAGOSHIMA SUN ROYAL HOTEL
An der Uferpromenade. Es gibt eine gute Verkehrsanbindung, z.B. Shuttle zum Airport. *247 Zi. | 1-8-10 Yojiro, Kago-shima-shi | Tel. 099/253–20 20 | Fax 255–01 86 | www.sunroyal.co.jp | €*

KAGOSHIMA TOKYU HOTEL
Am Wasser gelegen. Die Balkone zeigen in Richtung auf den Vulkan. *206 Zi. | 22-1 Kamoike Shinmachi | Tel. 099/257–24 11 | Fax 257–60 83 | www.kg-tokyu-hotel.co.jp | €€*

AUSKUNFT

TOURIST OFFICE
Im Parkplatzbereich des Bahnhofs Nishi-Kagoshima | Tel. 099/253-25 00

ZIEL IN DER UMGEBUNG

CHIRAN [134 B6]
Die Kleinstadt (14000 Ew.) lohnt einen Abstecher wegen ihrer Samurai-Gasse aus sieben alten Häusern mit traumhaften Gärten. Besonders gut erhalten ist Nummer 7 aus dem Jahr 1741. An der planvoll gewundenen Straße ist gut zu erkennen, wie sich die Feudalkrieger taktisch verteidigt haben. Am Rand schlängelt sich ein Bach mit großen, bunten Zierkarpfen.

NAGASAKI

[134 B5] Die lauen Sommernächte in der malerischen Bucht, Lampions in den Gärten, Kimono-Schönheiten: Nagasaki ist wegen seiner heiteren und charmanten Atmosphäre Hauptanziehungspunkt auf Kyushu.

Glover Mansion wird gern als Schauplatz von „Madame Butterfly" präsentiert

Andere Flecken, vor allem Glover Park, lassen mit ihrem europäischen Flair ahnen, wie es war, als Nagasaki das Tor Nippons zur Welt öffnete. Nirgendwo gibt es so viele Kirchen: Hier begann die Christianisierung Japans durch portugiesische Missionare und fand mit dem Kreuzigungsmassaker von 1597 ein jähes Ende. 17 Jahre nach dem Märtyrertod von 26 Europäern und Japanern verbot das Land die westliche Religion gänzlich, verfolgte und ermordete Christen brutal, vertrieb Ausländer. Nur die kleine Insel Dejima blieb als holländische Handelsenklave erhalten. So gelangten auch in Zeiten finsterster Isolation immer noch ein wenig westliches Wissen und Kultur in das abgeschottete Kaiserreich. Nach der Meiji-Öffnung wurde die Stadt mit ihrem Naturhafen schnell ein Schiffbauzentrum. Am 9. August 1945 warf ein amerikanischer Kriegsbomber eine Atombombe über Nagasaki ab. Fast die halbe Stadt wurde damit zerstört.

In Japan herrscht Linksverkehr: Straßenszene in Nagasaki

■ SEHENSWERTES ■

DEJIMA

Das Inselchen war einmal Japans Nadelöhr zur Welt. Es blieb nur im Museum an der Straßenbahnhaltestelle Dejima erhalten. Rund 200 Jahre lang lebte hier, völlig vom japanischen Leben abgeschnitten, eine Handvoll holländischer Kaufleute. Zugang hatten neben ihren Handelspartnern nur Mönche und Prostituierte. *Tgl. 8–18 Uhr | Eintritt 500 ¥*

GLOVER GARDEN ⭐

Schon von weitem hört man das berühmte Arienmotiv der Madame Butterfly – aus dem Mund der japanischen Opernsängerin Miura Tamaki (1884–1946), der man hier ein Denkmal errichtet hat. Ansonsten ist alles Legende. Thomas Glover, der um 1900 und bis zu seinem Tod 1911 auf diesem grünen Hügel über der Hafeneinfahrt als bekanntester Ausländer von Nagasaki residierte, war Schotte und nicht, wie die männliche Hauptfigur in Giacomo Puccinis Oper, Amerikaner. Noch heute ist die einzigartige Atmosphäre der ersten westlichen Villen in Japan zu spüren. Das 1863 gebaute *Glover House* bietet einen traumhaften Blick auf den Naturhafen. *Tgl. 8–18 Uhr, 15. Juli–9. Okt. 8–20 Uhr | Eintritt 600 ¥*

NAGASAKI

HOLLAND SLOPE
Den „Katzenkopfpfad" säumten nach der Öffnung Japans aus Holz erbaute Residenzen von Ausländern. Der Einfachheit halber galten sie alle ohne Unterschied als Holländer. Einige der Häuser wurden rekonstruiert. Besonders beeindruckt ist das 1868 gebaute Junibankan, einst Sitz des Preußischen Konsulats in Nagasaki.

HYPOCENTER PARK
Ein schwarzer Stein markiert Ort und Zeit der Atombombendetonation: 9. August 1945, 11.02 Uhr. Getroffen werden sollte die Kriegswerft Mitsubishi, getötet wurden schätzungsweise 75 000 Zivilisten, ebenso viele schwer verwundet. Im anschließenden Friedenspark, einst Standort des Zentralgefängnisses, findet alljährlich eine Gedenkfeier statt. Der Besuch des oberhalb gelegenen *Atombombenmuseums* ist eine erschütternde Erfahrung. *Tgl. 8.30–17 Uhr | Eintritt 200 ¥ | www1.city.naga saki.nagasaki.jp/na-bomb/museum*

KONFUZIUS-SCHREIN SOFUKU-JI
Die farbenprächtige Pilgerstätte beherbergt das einzige Konfuzius-Mausoleum außerhalb Chinas. Dort werden 20 Sammelwerke, eingeritzt in Marmor, aufbewahrt, die in 500 Sektionen und 16 000 Schriftzeichen die Lehren des großen chinesischen Philosophen widerspiegeln. Aus dem gigantischen Kochtopf, der rätselhaft im Tempelgrund steht, sollen während der dramatischen Hungersnot 1652 täglich 3000 Bedürftige mit Hirsebrei verpflegt worden sein. *Tgl. 8.30–17 Uhr | Eintritt 525 ¥*

OURA-KIRCHE
Die für katholische Ausländer gebaute Kirche (1864) ist den 26 im Jahr 1597 gekreuzigten Christen geweiht. Hier trafen sich trotz Religionsverbot für Einheimische Ende des 19. Jhs. auch japanische Gläubige. *Tgl. 8–18 Uhr | Eintritt 300 ¥ | unterhalb des Glover Parks*

URAKAMI-KIRCHE
Die 1914 fertig gestellte Kathedrale war bis zu ihrer Zerstörung durch die Atombombe das größte Gotteshaus Ostasiens. Der Neubau stammt von 1959. *Tgl. 9–17 Uhr*

>LOW BUDGET

› Auf Japans kleinster Hauptinsel Shikoku befindet sich das *Kyu Konpira Oshibai* (auch *Kanamaru-za* genannt): In diesem Kabuki-Theater können Zuschauer für gerade mal 300 ¥ traditionellen Tanz und Gesang erleben. *Tgl 9–17 Uhr | 2 Min. vom Bahnhof Kotohira entfernt | Tel. 0877/75–35 00*

› Authentisch schlafen kann man in Nagasaki auch für kleines Geld: Das *International Hostel Akari* ist eine familiäre Herberge im typisch japanischen Stil. Das Hostel liegt zentral, in Flussnähe und Nachbarschaft zu den Tempeln. *Übernachtungen ab 2500 ¥/Nacht | 2-2 Kojiyamachi, Nagasaki | 095/801–79 00 | www.nagasaki-hostel.com*

▮ ESSEN & TRINKEN ▮
HAMAKATSU
Nagasaki-Spezialitäten, z.B. *Shippoku*: ein bankettähnliches Menü für

SÜDJAPAN

vier Personen mit chinesischen, portugiesischen und japanischen Elementen. *Tgl.* | *6-50 Kajiya-machi* | *Tel. 095/826–83 21* | €€

HARBIN
Geschätztes Feinschmeckerlokal mit russisch-französischer Küche. Preiswerte Mittagsmenüs, abends ist es deutlich teurer. *Tgl.* | *Yorosujamachi 4-13, 2. Fl. Hamanomachi* | *Tel. 095/824–66 50* | €€

ÜBERNACHTEN

HOTEL MAJESTIC
Designerhotel mit majestätischem Meerblick. Kleines europäisches Restaurant, Bar. *23 Zi.* | *2-28 Minami Yamate-machi* | *Tel. 095/827–77 77* | *Fax 827–61 12* | €€

HOTEL NEW NAGASAKI
Direkt an der JR Station, großes Fitnesscenter, Pool. *130 Zi.* | *14-5 Daikoku-machi, Nagasaki City* | *Tel. 095/826–80 00* | *Fax 832–20 00* | *www.newnaga.com* | €€

AUSKUNFT

NAGASAKI CITY TOURIST INFORMATION
JR Station | *Tel. 095/823–36 31* | *www.at-nagasaki.jp*

OKINAWA

[136 B5–6] **Im Grunde sind auch die Japaner in Okinawa Fremde. Nippons südlichste Präfektur mit der Hauptstadt Naha ist von Tokio 2000 km entfernt, Taiwans Metropole Taipei nur 200 km.** Erst 1879 verleibte sich Japan diese Hauptinsel des Ryukyu-Archipels unfriedlich ein. Dessen Sprache wurde einfach zum „zweiten japanischen Hauptdialekt" erklärt. 1945 besetzten die USA die Insel für 27 Jahre. Noch heute beherbergt die Präfektur mehrere US-amerikanische Militärbasen. Die Einheimischen verlangen zwar den Abzug der Amerikaner, doch die denken nicht daran: Zu wichtig ist ihnen der Standort in der Nähe zu Taiwan.

Religiöser Exot: Die Oura-Kirche in Nagasaki ist ein katholisches Gotteshaus

Von den landestypischen Bausünden abgesehen, fällt eine andere Architektur auf. An den Häusern schirmt eine steinerne „Geisterwand" den direkten Eingang zur Straße teilweise ab, weil sich böse Kobolde angeblich nur auf geradem Weg nähern können. Tönerne Löwenhunde, *Shisa* genannt, bewachen Dächer und Türpfosten.

102 | 103

OKINAWA

SEHENSWERTES

FRIEDENSMUSEUM

Hier wird die japanische Sicht des grauenhaften Kampfes um Okinawa präsentiert. *Di–So 9–17 Uhr | Eintritt 300 ¥ | am Anfang des früheren Schlachtfeldes*

SHURI-BURG

Die frühere Residenz der Könige von Ryukyu wurde als Hauptquartier der kaiserlichen Armee im Kampf um Okinawa 1945 total zerstört, 1993 als detailgetreue Nachbildung wieder eröffnet. *Tgl. 9–17.30 (Sommer 9–18) Uhr | Eintritt 800 ¥ |www.wonder-okinawa.jp/001/index-e.html*

ESSEN & TRINKEN

Gebrühte Schweineohren mit Ingwer gelten als lokale Spezialität.

AYAJO

Sehr hübsches Restaurant mit lokalem Flair und Okinawa-Musik. *Tgl. (nur abends) | 3-25-13 Kumochi | Tel. 098/861–77 41 | €€*

TOYO HANTEN

Gute chinesische Küche zu moderaten Preisen. *Tgl. | 8-5 Hamagawa, Chatan-Cho, Nakagami-Gun | Tel. 098/936–40 26 | €*

YUNANGI

Klein und rustikal. Hausspezialität: klein gehacktes Schweineohr mit Gurke und Essigsoße. *Tgl. | 3-3-3 Kumochi | Tel. 098/867–37 65 | €*

EINKAUFEN

Exotikfreunde suchen in Okinawa das Potenzmittel Habuzake. In einem schnapsgefüllten Konservenglas windet sich mit aufgerissenem Rachen eine Habu, die gefährlichste Giftschlange Okinawas – tot, aber schön gruselig. Zusammen mit schwarzem Zucker oder Süßkartoffeln soll der Trank Wunder wirken. Solche originellen Souvenirs finden Sie in kleinen Läden in der Heiwadori im Stadtzentrum von Naha.

ÜBERNACHTEN

BUSENA TERRACE RESORT

Die schönste Strandanlage Japans mit dem komfortabelsten Hotel auf Okinawa kombiniert japanische Perfektion mit asiatischer Höflichkeit und mediterranem Charme. Fast einmalig in Japan: Sogar essen kann man im Freien. Künstlich aufgeschütteter Strand. *401 Zi. | 1808 Kise | Nago-City | Tel. 098/51–13 33 | Fax 51–13 31 | www.terrace.co.jp | €€€*

MANZA BEACH HOTEL & RESORT

Strandhotel mit internationaler Küche. 80 Minuten vom Flughafen. *399 Zi. | Tel. 098/966–12 11 | Fax 966–22 10 | www.ichotelsgroup.com | €€*

STRÄNDE

Moon Beach, Tiger Beach, Manza Beach und einige mehr: Okinawas beliebteste Strände liegen in einer Reihe entlang der Westküste, etwa 30 bis 50 km von Naha entfernt. Überall gibt es schicke Hotels und allerlei Wassersportangebote.

AUSKUNFT

NAHA AIRPORT VISITOR INFORMATION CENTER

Flughafen | 150 Kagamizu | Naha City | Tel. 098/857–68 84 | www.okinawa.index.com

> *www.marcopolo.de/japan*

SÜDJAPAN

ZIELE IN DER UMGEBUNG

GYOKUSEN-DO [136 B6]

Japans größte *Kalksteinhöhle* ist ein Naturwunder: Entstanden vor 300 000 Jahren, bietet sie dem Besuchern Tausende bizarrer Phantasiefiguren auf etwa 1 km Länge. Gleich nebenan liegt der *Okokumura-Schlangenpark*, in dem regelmäßig Schaukämpfe von Habu-Schlangen mit Mungos stattfinden – ein Ärgernis für Tierschützer. *Tgl. 9–17 (Nov.–März 9–16.30) Uhr | 40 min. südlich von Naha | Eintritt Höhle Eintritt Free Pass 1600 ¥ | www.gyokusendo.co.jp*

SCHLACHTFELD ★ [136 B6]

In dem weitläufigen Terrain entschied sich im April 1945 die blutigste Schlacht gegen Japan mit über 230 000 Toten allein auf japanischer Seite. Im Hauptquartier der Kriegsmarine – heute *Museum (tgl. 8.30–17 Uhr | Eintritt 420 ¥)* – starben 4000 japanische Soldaten durch kollektiven Selbstmord. Am Kap Kyan stürzten sich Zivilisten in den Tod. An der Südspitze Himeyuri no To trieben Lehrer rund 200 Schülerinnen zum tödlichen Sprung über die Klippen, damit sie den Amerikanern nicht in die Hände fielen. An diesen historischen Stätten haben Regierung, Präfekturen und verschiedene Verbände Ehren- und Denkmäler zu einem Park nationalen Gedenkens aufgestellt. *30 km südlich von Naha, von dort verkehren Ausflugsbusse*

Südseetraum an der Küste von Okinawa mit reichem Wassersportangebot

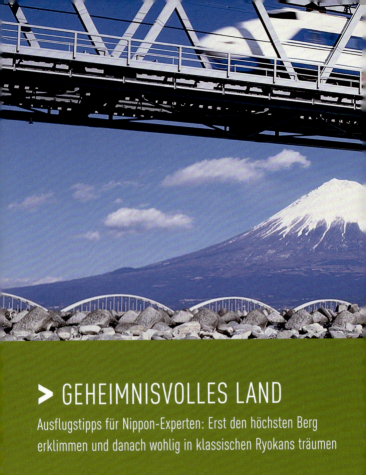

> GEHEIMNISVOLLES LAND

Ausflugstipps für Nippon-Experten: Erst den höchsten Berg erklimmen und danach wohlig in klassischen Ryokans träumen

Die Touren sind auf dem hinteren Umschlag und im Reiseatlas grün markiert

1 ZUM HEILIGEN FUJI

★ Eine Besteigung von Japans höchstem Berg ist von Tokio aus leicht zu arrangieren und dauert alles in allem knapp zwei Tage. Sinnvoll ist die Tour nur im Sommer, wenn die Hütten geöffnet sind und Busse bis auf 2400 m Höhe fahren.

Der Fuji ist, wie Japan gern wahrgenommen werden möchte: groß, ebenmäßig, rein, mystisch. In diesem Sinne wird der 3776 m hohe Kegel als heiliger Berg verehrt und auch gefürchtet. Immerhin ist der Vulkan in historischer Zeit schon 18-mal ausgebrochen, zuletzt 1707. In jedem Sommer spekulieren Wissenschaftler, wann die nächste Eruption kommt und womöglich eine Katastrophe auslöst.

Dennoch will jeder Japaner einmal im Leben den höchsten Gipfel er-

Bild: Eisenbahnbrücke vor dem Panorama des Fuji

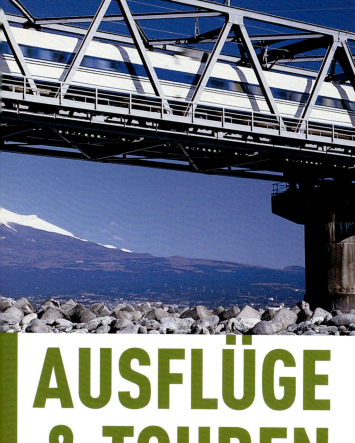

AUSFLÜGE & TOUREN

klommen haben. Rund 500 000 schaffen es jedes Jahr bis auf die Spitze. Der Berg ist für einen Dreitausender recht leicht zu besteigen, im Sommer ist der Aufstieg über drei Routen möglich. In der offiziellen Saison (Juni–August) kommen täglich Tausende hinauf. Eine Besteigung ist auch noch im September oder Oktober möglich. Allerdings sind dann die Hütten geschlossen und es gibt keine Schutzräume. Ab Mitte Oktober fällt für gewöhnlich Schnee, dann ist von einer Tour abzuraten.

Bis zur fünften der zehn einst heiligen Stationen windet sich eine schmale Straße den Berg hinauf, jenseits davon ist der Pfad durch Seile, Ketten, Schilder und Abfall markiert. Auf der Spitze stehen Souvenirshops und Telefonzellen, vor denen Schlangen darauf warten, die Verwandtschaft vom höchsten Punkt des Landes anzurufen.

Die meisten Fuji-Besteiger fahren mit dem Bus von Norden (aus Tokio kommend zu empfehlen) mit der Fuji-Subaru-Linie ab Fujiyoshida oder Kawaguchi-ko bis zur 5. Station in etwa 2400 m Höhe. Von dort aus geht der Aufstieg im Zickzack; an jeder Station findet man mindestens eine Hütte zum Rasten *(3800 ¥ ohne, 4800–6000 ¥ mit Verpflegung)*. Bis zur 7. Station kann man (teure) Pferde mieten.

Nachtaufstiege sind besonders beliebt, damit man beim farbenprächtigen Sonnenaufgang oben ist und in die Banzai-Rufe (langes Leben) einstimmen kann. Der Krater lässt sich auf einem 3,5 km langen Rundweg umwandern. Der Abstieg ist auch für Ungeübte in zwei bis drei Stunden zu bewältigen. Es verkehren zahlreiche Buslinien. *Auskunft: Fujiyoshida Tourist Information Service | 2-5-1 Kami-yoshida, Fujiyoshida, Yamanashi | Tel./Fax 0555/21 10 00*

2 RYOKAN-TOUR

Die Dreitagetour auf dem Weg von Tokio nach Kyoto oder umgekehrt führt die Reisenden über drei Stationen, die traditionelle japanische Gastlichkeit vom Feinsten präsentieren, allerdings auch sehr teuer sind.

Insider Tipp Für ausländische Touristen wirken die Ryokan, traditionelle japanische Gasthöfe, durchaus gewöhnungsbedürftig: Man findet keinen Stuhl, kein Restaurant, kein Türschloss, keine Zimmernummer (statt dessen ein chinesisches Zeichen an der Tür), keine Hotelhalle, kein Fitness- oder Businesszentrum, und man muss auf dem Boden schlafen. Der Gast ist im klassischen Sinn zu Hause, auch wenn die Hausregeln etwas fremd anmuten. Straßenschuhe sind im Inneren nicht erlaubt, auch die Hauspantoffeln müssen vor Betreten der Tatami abgestreift werden. Statt westlicher Kleidung ist ein Yukata – ein leichter Baumwollkimono – angesagt, im Winter darüber eine Art Jacke. Oft verfügen die noblen Gasthäuser auch über heiße Quellen, in denen zumeist am Abend gemeinschaftlich, aber in der Regel nach Geschlechtern getrennt, gebadet und entspannt wird. Wer in diese Refugien der Stille und des Stils eincheckt, gönnt sich selbst einen sanften Angriff auf alle seine Sinne, sagen die Japaner.

Das im hohen Preis eingeschlossene Abendessen und Frühstück wird auf einem niedrigen Tisch serviert, man hockt auf Kissen. A la carte zu speisen ist nicht möglich, aber oft gibt es eine Menükarte, und man kann vorab ein einmal ein unerwünschtes Gericht austauschen. Ryokans sind eigentlich Nobelherbergen aus der Zeit, als Nippons Adel noch in Sänften reiste. Die besten Adressen finden sich deshalb an der alten Reichsstraße zwischen Tokio und Kyoto.

Erste Station aus Richtung Tokio wäre der *Ryokan Horai* in Izusan bei Atami am Pazifischen Ozean *(Tel. 0557/80 51 51 | Fax 80 02 05 | www.relaischateaux.fr/horai | 250–630 Euro pro Person und Nacht mit Halbpension; zu erreichen per Shinkansen bis Atami, weiter per Taxi)*. Horai ist berühmt für die heißen Quellen und für die erlesene Fischküche. Sie können aber auch ins französische Res-

> www.marcopolo.de/japan

AUSFLÜGE & TOUREN

taurant ausweichen. Schriftliche Reservierung ist auf Englisch möglich, ansonsten bemüht sich die Wirtsfamilie sehr um ausländische Gäste.

Erkundigen Sie sich vor Ort nach einer günstigen Zugverbindung zum Bahnhof Shuzenji. Von dort ist es nur Hotelgäste vergeben. Eine frühzeitige Zimmerreservierung ist unerlässlich. Die Verständigung ist auf Englisch problemlos möglich.

Die dritte (oder erste) Station könnte das *Tawara-ya* sein, Japans bekanntestes klassisches Gasthaus,

So sieht ein Raum in einem traditionellen Ryokan aus, im Tawara-ya, Kyoto

noch ein kurzes Stück per Taxi zum *Ryokan Asaba* in Shuzenji im Izu-Nationalpark *(Tel. 0558/72 70 00 | Fax 72 70 77 | www.relaischateaux.fr/asaba | 250–570 Euro pro Person und Nacht mit Halbpension)*. Im Frühjahr und im Herbst finden im Asaba Noh-Theateraufführungen statt, im Sommer und Winter treffen sich dort Shamisen-Spieler. Die Eintrittskarten werden vorzugsweise an seit 300 Jahren im Familienbesitz *(Tel. 075/211–55 66 | Fax 211–22 04 | 140–570 Euro pro Person und Nacht mit Halbpension)*. Mitten in der alten Residenzstadt Kyoto wohnt man hier in edlem japanischen Ambiente, das zuvor schon Schwedens Königspaar, Barbra Streisand, Alfred Hitchcock, Isaak Stern und Marlon Brando genossen haben. Englischsprachige Hilfe ist jederzeit verfügbar.

EIN TAG IN KYOTO
Action pur und einmalige Erlebnisse.
Gehen Sie auf Tour mit unserem Szene-Scout

MONDÄNER AUFTAKT
8:00
Der Tag startet stylish im schicken *Inoda Coffee Shop*: Vor weißem, im Stil der Meiji-Zeit gehaltenem Edel-Interior, schmeckt der frisch gebrühte Kaffee besonders gut. Wer mehr Zeit hat, setzt sich mit Croissants oder einem belegten Sandwich in den Garten! **WO?** *140 Sakaimachi dori Sanjo sagaru, Nakagyo-ku | Haltestelle: Karasuma-Oike (City Subway) | www.inoda-coffee.co.jp*

RASANTE ACTION
10:00
Per Boot geht's den Hozugawa River entlang. Dabei immer die Augen offen halten, denn die rasante Fahrt geht über über Stromschnellen an Gesteinsformationen wie dem Löwen- oder Froschfelsen vorbei Richtung Arashiyama. Festhalten! **WO?** *Startpunkt: 1 Shimo-Nakanoshima, Hozu-cho, Kameoka City, (von der Trokko Saga Station Kyoto aus in ca. 30 min. mit der Romantic Train Sagano-Line zu erreichen) | Kosten: ca. 24 Euro*

BOXENSTOPP
13:00
Essen aus der Box? Na klar! Hinter den *Shokado Bento Boxes* verbergen sich Lackschachteln im Nobeldesign. Wichtiger ist aber, was drin steckt: Der Küchenchef im *Keiga* empfiehlt sein *Shokado Togetsu*, eine Variation aus Delikatessen verschiedenster Geschmacksrichtungen. **WO?** *Keiga, 33 Saga Tenryuji Susukino Baba-cho, Ukyo-ku, Arashiyama | Haltestelle: Saga Arashiyama Station (JR Sagano Line, 15 Min. Fußweg)*

TEE-KUNST
15:00
Geheimnissen auf der Spur: Auf geht's zum Genießer-Workshop! In der Villa des *Clubs Okitsu* weihen Profis in die Kunst der japanischen Teekultur ein. Ein Tässchen ist inklusive. **WO?** *Club Okitsu, 524-1 Mototsuchimikado-cho, Shinmachi-Higashi-iru, Kamichojamachi-dori, Kamigyo-ku | Haltestelle: Marutamachi Station (Karasuma Line, 10 Min. Fußweg) | Kosten ca.18 Euro | www.okitsu-kyoto.com*

24 h

AN DIE SCHWERTER
16:00

Schutzkleidung anlegen, jetzt wird gekämpft! Natürlich ganz ungefährlich: Beim Probetraining im japanischen Schwertkampf Kendo geht's weniger um Sieg oder Niederlage als ums Reinschnuppern in Jahrhunderte alte Traditionen. Spannend! **WO?** *Butokuden Budo Centre, 46-2 Entonbi-cho, Seigoin, Sakyo-ku | www2.ocn.ne.jp/%7Ekyoken/*

18:00
SELBST GEMACHT!

Eigens gefertigte Souvenirs erwünscht? Dann ab in den *Washi Club* – und lernen, wie man aus langfasrigem Pflanzenbast und mit einer speziellen Schöpftechnik das typische japanische Papier, auch *Washi* genannt, herstellt. Mit ein bisschen Fingerfertigkeit hält man bald die Basis für das persönliche Kyoto-Protokoll in Händen. **WO?** *Aburano-koji Nijoagaru,Nishigawa, Nakagyo-ku | Kosten: ca. 3 Euro | www.macnet.or.jp/pa/washi*

GLOBAL DINNER
20:30

Hungrig geworden? Im eleganten *Grotto* warten echte Delikatessen: Takada Shinichiro peppt traditionelle japanische Rezepte mit einem Hauch internationaler Raffinesse auf. Heraus kommen köstliche Mixes wie das typisch eingelegte Gemüse Tsukimono mit Mozzarella und Balsamico. Einmalig! **WO?** *114 Jodoji Nishidacho, in der Nähe des Philosophenwegs | Tel. 075/771 06 06*

22:00
SO KLINGT DIE NACHT!

Lust auf Livemusik? Dann nichts wie auf ins *Jittoku*! Rock, Blues, japanischer Pop oder Folksounds: In dem ehemaligen Warenhaus beim Nijo Castle ist jeglicher Sound erlaubt. Hauptsache live und partytauglich! **WO?** *815 Hishiya-cho, Omiya Shimodachiiru Sagaru | Haltestelle: Nijojomae Station (Tozai Line) | Eintritt ca. 7 Euro | www2.odn.ne.jp/jittoku/*

Bild: Sumo-Ringer in Kyoto

> LEIDENSCHAFTLICH KÄMPFEN

Das Angebot – auch für Touristen – reicht von Aikido bis Sumo

■ AIKIDO

Wie viele asiatische Kampfsportarten ist die im 10. Jh. begründete und im 20. Jh. als Sportart systematisierte Disziplin halb Sport, halb Religion. Die heutige Form kombiniert verschiedene Techniken wie Judo und Karate. Zum Training gehören Meditation sowie die Konzentration auf Bewegungen und Bewusstsein. Ausländer trainieren gern im *Aikido Hombu Dojo*. Einschreibegebühr 6000 ¥, ab 10 000 ¥/Monat | Wakamatsucho, Shinjuku-ku, Tokio | Tel. 03/32 03–92 36

■ JUDO

Die weltweit bekannteste Kampfsportart Japans geht auf eine Selbstverteidigungsform zurück, die die Samurai praktizierten. Das moderne Judo („sanfter Weg") ist seit mehr als 30 Jahren olympische Disziplin. Die berühmteste Schule ist *Kodokan*.

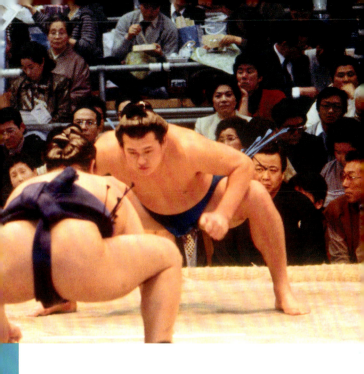

SPORT & AKTIVITÄTEN

Einschreibegebühr 5000 ¥ | rund 8000 ¥/Monat (Zuschauen von der Galerie kostenlos) | 1-16-30 Kasuga, Bunkyo-ku, Tokio | Tel. 03/38 18–41 99 | Fax 38 12–39 95

KARATE

Karate kam erst 1922 von Okinawa nach Japan. Die waffenlose Disziplin wurde dann aber in der allgemeinen Kampfsportleidenschaft als körperliche, geistige wie spirituelle Abwechslung kultiviert. In der *Nihon Karate Kyokai (Japan Karate Association)* sind rund die Hälfte der Sportler Ausländer. *Einschreibegebühr 20000 ¥, ab 7000 ¥/Monat | Kowa Bldg. 2 F, 2-9-6 Shiroganedai, Tokio | Tel. 03/34 40–14 15*

KENDO

Traditioneller Schwertkampf wird heute auch an vielen Schulen als Sport praktiziert. Die Waffe ist ein

Bambusschwert, die Akteure tragen Maske, Brustplatte und Handschuhe, die gleichzeitig die Ziele des Gegners sind. Trainiert werden kann in der berühmten Halle *Tokyo Budokan | 300 ¥ pro Übungseinheit, 20 Einheiten 6000 ¥ | 3-20-Ayase, Adachi-ku | Tel. 03/56 97–21 11*

◼ RADFAHREN

Außerhalb der großen Citys bieten sich auf den Inseln Hokkaido, Kyushu, Shikoku sowie in weniger besiedelten Gebieten auf Honshu viele herrliche Landschaften und Ziele für ausgedehnte Touren an. Räder können an Bahnhöfen für 500 bis 1500 ¥ pro Tag ausgeliehen und an der nächsten Station wieder zurückgegeben werden. In den Großstädten sind Radler bislang weniger gelitten.

In Tokio richten die Stadtväter immerhin erste Radwege ein, ansonsten ist es sehr anstrengend, sich den Weg durch die Fußgänger zu bahnen. Stressfrei bewegen sich Fahrer am Sonntag rund um den Kaiserpalast. Dann sind mehrere breite Strassen durch das weiträumige Areal für den Autoverkehr gesperrt und für Freizeitsportler reserviert, die sich ihr Zweirad kostenlos bei der *Imperial Cycling-Station (hinter dem Babasakimon-Tor)* ausleihen können. In sicherer Obhut befinden sich Tokios Radler im *Klub Ove (3-4-8 Omotesando | 03/5785-0403)*, der vom Komponentenhersteller Shimano betrieben wird und hochklassige Räder ausleiht. Ove organisiert an Wochenendentouren, die jeweils bestimmte Themen haben wie Fitness oder Umwelt. Geführte Touren durch Tokio bietet an Samstagen und auf Anfrage auch *Tokio Great Cycling Tour* an *(www.tokyocycling.jp)*. *Der Tagesausflug kostet inklusive Rad, Führung, Versicherung und Lunchbox 10 000 ¥.*

◼ SKI & SNOWBOARDING

Japan ist eines der schneereichsten Länder der Welt mit rund 700 Skigebieten. Tolle Bedingungen finden Wintersportler auf der Insel Hokkaido, wo es rund fünf Monate Pulverschnee und im Gegensatz zu anderen Zentren auch Langlauf-Loipen gibt. Detaillierte Informationen über Olympia-Pisten nahe Sapporo (inkl. Übernachtungsmöglichkeiten und Wettervorhersage: *www.welcome.city. sapporo.jp/english/ski*, *www.yamasa. org.japan/english/destinations*

Japans größtes Ski-Gelände in Shiga-Kogen mit rund 70 Liftanlagen ist von Tokio in nur 90 Minuten mit dem Schnellzug zu erreichen. Die anspruchsvollsten Olympia-Pisten bietet das Hakuba-Tal, das auf 2000 m Höhe liegt. Hier läuft der Skibetrieb bis Anfang Mai. Zu den zehn Hakuba-Resorts, die als Top-Destinationen für Schnee-Freaks gelten, gehört Happo-One, das wie Hokkaido sehr ausländerfreundlich ist. *www.snowjapan.com* bietet einen Überblick über alle Zentren mit Karten, Anzahl der Lifts, Preisen, Länge der Pisten und Schwierigkeitsgrade sowie Wettervorhersagen. Auf der Ski- und Snowboard Videosite *www.snowjapan.tv* kann man sich die Gebiete anschauen.

◼ STRÄNDE & SURFEN

Obwohl Japan ein lang gestrecktes Inselreich ist, sucht man tropische Paradiese und gepflegte Strände meist

> *www.marcopolo.de/japan*

SPORT & AKTIVITÄTEN

vergeblich. Aber mittlerweile sind Naherholungsgebiete entstanden, wo Surfer, Kanuten und Schwimmer zum Zuge kommen. Zu den populärsten Zentren der Tokioter gehören die Shonan-Strände in Kamakura (rund 50 Kilometer von Tokio entfernt und gut per Bahn zu erreichen).

Der Pazifische Ozean ist vergleichsweise ruhig und für Surfanfänger geeignet *(offizielle Badesaison: 1. Juli–31. Aug.)*. Im Sommer ist überall Party angesagt. Professionelle Surfer fahren auf die Izu-Halbinsel zu den Shirahama-Stränden, die generell bei allen Wassersportlern beliebt sind (günstige Zugverbindungen von Tokio mit ca. 3 Stunden Fahrzeit).

Tolle Surfbedingungen und schöne Strände bieten die Südinseln Ishigaki und Ogasawara, die allerdings rund 2000 km von Tokio entfernt und nur mit Flugzeug oder Boot (26 Stunden von Tokio) zu erreichen sind. Informationen: *www.jnto.de*, *ww.outdoorjapan.com*

SUMO

Nippons angeblich 2000 Jahre alter Nationalsport ist recht leicht zu begreifen. Zwei stark übergewichtige und fast nackte Riesen prallen aufeinander und gewonnen hat, wer den anderen aus dem Ring drängt oder zu Fall bringt. Die ganze Sache dauert selten länger als drei Minuten. Die Atmosphäre ist emotional, der Lärmpegel schlägt manche Disko und mit ein wenig Glück kann man die fetten Halbgötter mit ihren geölten Frisuren nicht nur aus nächster Nähe bewundern, sondern auch kurz berühren, was angeblich deren Kraft auf einen selbst überträgt. Es gibt eine strenge

Kendo-Kämpfer in Aktion

Ranghierarchie. Nach jedem der sechs jährlichen Turniere können die Kämpfer befördert oder degradiert werden. Nur Großmeister behalten ihren Titel *Yokosuna* lebenslang und gründen oder übernehmen nach Karriereende meist eine Schule. *Nach Anmeldung Besuch möglich z.B. in Dewanoumibeyam | 2-3-15 Ryogoku, Sumida-ku, Tokio | Tel. 03/36 32–49–20 | Informationen unter www.sumo.or.jp*

114 | 115

DISNEY AUF JAPANISCH
Vergnügungsparks bieten Spaß und Spiel ohne Sprachbarriere

> In Restaurants, Hotels und öffentlichen Verkehrsmitteln gibt es keine Probleme mit Kindern – japanische Eltern verreisen auch mit ihrem Nachwuchs. Aber die beengten Städte, die vollen Straßen und vor allem die wenigen Freizeitmöglichkeiten stören die Kleinen vielfach weit mehr als Erwachsene. Das klassische Japan ist kaum ihre Sache. Immerhin: Statt eines Tempels bietet sich auch mal ein Vergnügungspark an. Tipp: *www.tokyowithkids.com* gibt aktuelle Informationen über Festivals und Parkaktivitäten für Kinder.

■ OST- UND ZENTRALJAPAN ■
EDO-TOKYO OPEN-AIR [133 D4]
ARCHITECTURAL MUSEUM
In der großzügigen Freiluft-Anlage im Tokioter Koganei-Park können die Kleineren herumtollen und Ältere in teils authentischen Häusern, Badehäusern und Läden nachvollziehen, wie Tokioter früher gelebt haben. Nudelrestaurants, Spezialausstellungen und -vorführungen (Origami, Stempel) machen den Familienausflug zum Erlebnis. *Di-So. 9.30-17.30 (Okt.-März bis 16.30 Uhr) | 3-7-1 Sakuracho, Koganei | Erw. 400 ¥ | Kinder 200 ¥*

KIDZANIA [133 D4]
Thrill für Kids zwischen zwei und 15 Jahren. In Tokios neuester und größter Kinderstube können die Kleinen ausprobieren, ob sie Programmierer, Ingenieur, Zugführer oder Feuerwehrmann werden wollen. In 50 verschiedenen Berufen arbeiten Kinder ernsthaft in Schichten unter Anleitung von Profis, gekleidet in orginal japanischen Firmenuniformen. Total beliebt, weil neu, aufregend und informativ – bestes „Edu-tainment" also. *Tgl. 10-15 und 16-21 Uhr | Reservierung notwendig | Tel. 03/35 36-84 10 Eintritt je nach Alter und Tag 1200-3000 ¥ | www.kidzania.jp*

TOKYO DISNEYLAND [133 D4]
Das in ganz Japan beliebteste Familienausflugziel ist eine sehr erfolgreiche Kopie des kalifornischen Originals. Dazu gehört der weltweit erste See-Themenpark namens *Tokyo Disney Sea Park*.

> MIT KINDERN REISEN

Vor allem an Wochenenden und Feiertagen kann es allerdings passieren, dass Sie bis zu zwei Stunden bei einer der 23 Attraktionen anstehen müssen. *Tgl. 8.30–22, Winter 10–18 Uhr | Tageskarte für beide Attraktionen 5800 ¥, Kinder (bis 11 Jahre) 3900 ¥ | am schnellsten zu erreichen mit der JR-Keiyo-Linie bis Maihama, vom Tokioter Hauptbahnhof (Tokyo Stn., Yaesu-Ausgang) verkehren Shuttle-Busse | www.tokyodisney resort.co.jp*

WESTJAPAN

AQUARIUM KAIYUKAN [135 F3]

Auge in Auge mit den Tieren der Meere in Osaka: Das Kaiyukan-Aquarium ist eines der größten seiner Art auf der Welt. Hier schwimmen nahezu alle Lebewesen, die im Pazifik zu Hause sind. Mehr als 35 000 verschiedene Kreaturen, darunter riesige Walfischhaie, können auf 14 Ebenen besichtigt werden. *Tgl. 10–20 Uhr | Ew. 2000 ¥ | Kinder 400–900 ¥ | 1-1-10 Kaigan-dori, Minato-ku | www. kaiyukan.com*

NORDJAPAN

RUSUTSU RESORT [130 C3]

Der größte Vergnügungspark Japans am Toya-See ist ein gigantischer Komplex aus Beton und japanischem Kitsch. Eines der Restaurants heißt „Oktoberfest", inmitten des Hotels finden sich ein Kinderkarussel, ein Weihnachtsshop und eine Pokemon-Welt. Kindliche Gemüter freuen sich über Achterbahn-Nervenkitzel auf 60 Fahrgeschäften und Phantasiewelten aus Plüschtieren und fliegenden Teppichen. Oder über Sportangebote wie Skipisten und Reitstall. *13 Izumikawa, Rusutsu-mura | Tel: 0136/46 31 11 | http://en.rusutsu.co.jp*

SÜDJAPAN

BAYSIDE PLACE HAKATA FUTOH [134 B4]

In diesem Unterhaltungs- und Shoppingkomplex auf dem ausgebauten Kai von Hakata (Insel Kyushu) mögen Kinder besonders die Indoor-Snowboard-Halle, die ganzjährig geöffnet ist. *(Tel. 092/263-5755, 1800 ¥/Tag, inkl. Mitgliedschaft | www.baysideplace.jp*

116 | 117

> VON ANREISE BIS ZOLL

Urlaub von Anfang bis Ende: die wichtigsten Adressen und Informationen für Ihre Japanreise

ANREISE

FLUGZEUG

Direkte Linienflugverbindungen werden ab Frankfurt (Lufthansa, All Nippon Airways), München (Lufthansa), Wien (AUA) und Zürich (Swiss) angeboten. Aus Europa angeflogen werden Tokio/Narita, Kansai/Osaka und Nagoya. Zuweilen sind Flüge über Amsterdam (KLM) oder Moskau preisgünstiger. Flugdauer über Sibirien: 12 Std.

Von Narita zur Tokioter Innenstadt geht es am schnellsten per Narita Express (NEX) bis Tokyo Station *(Hauptbahnhof | Fahrzeit 53 Min. | 2940 ¥ in der 2. Klasse)*. Tickets und Sitzplatzreservierung müssen vor der Fahrt arrangiert werden. Wer viel Gepäck hat, sollte den Zubringerbus *(2900 ¥)* zum City Terminal oder allen großen Hotels Tokios nutzen. Allerdings kann die Fahrtdauer während der Stoßzeiten die durchschnittlichen 70 Minuten weit überschreiten. Ähnliches gilt für die Ankunft auf dem Kansai-Airport in der Bucht von Osaka. Vorsicht bei Taxifahrten: Sie können 25 000 ¥ kosten, und vor schwarzen Privattaxis warnt die Polizei aus Versicherungsgründen. Japaner benutzen für ihr Gepäck Zustelldienste, die auf den Flugplätzen leicht auszumachen sind. Sie liefern am selben Tag für

> WWW.MARCOPOLO.DE
Ihr Reise- und Freizeitportal im Internet!

> Aktuelle multimediale Informationen, Insider-Tipps und Angebote zu Zielen weltweit ... und für Ihre Stadt zu Hause!

> Interaktive Karten mit eingezeichneten Sehenswürdigkeiten, Hotels, Restaurants etc.

> Inspirierende Bilder, Videos, Reportagen

> Kostenloser 14-täglicher MARCO POLO Podcast: Hören Sie sich in ferne Länder und quirlige Metropolen!

> Gewinnspiele mit attraktiven Preisen

> Bewertungen, Tipps und Beiträge von Reisenden in der lebhaften MARCO POLO Community: *Jetzt mitmachen und kostenlos registrieren!*

> Praktische Services wie Routenplaner, Währungsrechner etc.

Abonnieren Sie den kostenlosen MARCO POLO Newsletter ... wir informieren Sie 14-täglich über Neuigkeiten auf marcopolo.de!

Reinklicken und wegträumen!
www.marcopolo.de

> MARCO POLO speziell für Ihr Handy! Zahlreiche Informationen aus den Reiseführern, Stadtpläne mit 100 000 eingezeichneten Zielen, Routenplaner und vieles mehr.
mobile.marcopolo.de (auf dem Handy)
www.marcopolo.de/mobile (Demo und weitere Infos auf der Website)

PRAKTISCHE HINWEISE

1600 ¥ pro Stück. Zuweilen ist die Nutzung dieses Services aber ohne Japanischkenntnisse schwierig.

BAHN UND SCHIFF

Per transsibirischer Eisenbahn (bis Wladiwostok) und Fähre nach Niigata anzureisen ist so reizvoll wie teuer und ohne Reisebüro schwer zu realisieren (10 Tage Reisezeit).

■ AUSKUNFT VOR DER REISE ■

JAPANISCHE FREMDENVERKEHRSZENTRALE (JNTO)

Die *Japan National Tourist Organization* versendet nützliche Broschüren, welche die Reisekosten mindern helfen, darunter einen Prospekt der günstigen „Welcome Inns". *Kaiserstr. 11 | 60311 Frankfurt a. M. | Tel. 069/203 53 | Fax 28 42 81 | www.jnto.go.jp (auch auf Deutsch)*

JAPAN TRAVEL BUREAU

Hier erhält man u. a. den „Japan Rail Pass".

Weißfrauenstr. 12–16 | 60311 Frankfurt a. M. | Tel. 069/299 87 80 | Fax 28 26 04

Operngasse 6 | 1010 Wien | Tel. 01/716 09 | Fax 718 06 05

45/47 Rue de Lausanne | 1201 Genf | Tel. 02/27 16 34 00 | Fax 732 65 04

■ AUSKUNFT IN JAPAN ■

Der englische Informationservice des Japanischen Tourismus-Büros

(JNTO) hilft bei der Organisation von Reisen. *Büro Tokio: 10. Fl., Tokyo Kotsu Kaikan Bldg. | Mo–Fr 9–17, Sa 9–12 Uhr, Fei sowie 29.12.–3.1. geschl. | Tel. 03/32 16–19 01 | www.jnto.go.jp | Telefonische Auskünfte auch am Internationalen Flughafen Narita: 0476/22–21 02*

WÄHRUNGSRECHNER

€	Yen	Yen	€
10	1694	100	0,60
20	3398	200	1,18
30	5083	300	1,77
40	6777	500	2,95
50	8471	1000	5,91
60	10166	5000	29,53
70	11860	7000	41,34
100	16943	10000	59,06
500	84714	20000	118,11

■ BAHN ■

Auf fast allen Strecken ein ideales Verkehrsmittel. Die Züge sind sauber, sicher und pünktlich (Einstiege auf allen Bahnsteigen gekennzeichnet). Es gibt mehrere Bahngesellschaften. Auf manchen Strecken sind Privatbahnen schneller und günstiger als das landesweite Netz von Japan Rail (JR). Fahrkarten gelten nur für die jeweilige Gesellschaft! Karten für kürzere Strecken löst man an Automaten, für längere am besten im Reisebüro. Empfehlenswert ist der *Japan Rail Pass*, mit dem man das gesamte JR-Netz (inklusive JR-S-Bahnen) für ein, zwei oder drei

Wochen beliebig oft benutzen kann. Erhältlich ist er nur im Ausland über die Japan Travel Bureaus *(www. japanrail.com)*.

CAMPING

Es gibt ca. 2800 offizielle Campingplätze (auch Zelt- und Bungalowverleih), viele sind nur von Juli bis August in Betrieb. JNTO gibt eine detaillierte **Broschüre zu Camping in Japan** heraus. Achtung: Während der Ferien sowie an Wochenenden sind die Plätze oft überlaufen.

Insider Tipp

DIPLOMATISCHE VERTRETUNGEN

DEUTSCHE BOTSCHAFT TOKIO
4-5-1 Minami-azabu, Minato-ku | Tel. 03/57 91–70 00 | Fax 57 91–77 73 | www.tokyo.diplo.de

DEUTSCHES GENERALKONSULAT OSAKA
1-1-88-3501 Oyodo-naka, Kita-ku, Umeda Sky Bldg., Tower East 35F | Tel. 06/64 40–50 70 | Fax 64 40–50 80 | www.osaka-kobe-diplo.de

ÖSTERREICHISCHE BOTSCHAFT TOKIO
1-1-20 Moto-azabu, Minato-ku | Tel. 03/5449–84 00 | Fax 34 51–82 83 | www.austria.or.jp

SCHWEIZER BOTSCHAFT TOKIO
5-9-12 Minami-azabu, Minato-ku | Tel. 03/34 73–01 21 | Fax 34 73–60 90 | www.eda.admin.ch/tokyo

EINREISE

Ein Reisepass ist nötig, der noch mindestens sechs Monate gültig sein muss. Deutsche, Österreicher und Schweizer erhalten ein bis zu drei Monate gültiges Visum bei der Einreise. Bis zehn Tage vor Ablauf kann es noch einmal um drei Monate verlängert werden.

GELDWECHSEL

Am besten tauscht man Geld gleich auf dem Flughafen oder im Hotel. Geldwechsel ist auch in großen Bankfilialen möglich, in Großstädten an manchen Hauptpostämtern, in Warenhäusern (auch Reiseschecks). Hotels und viele Restaurants der Großstädte akzeptieren Kreditkarten. In kleineren Geschäften und in der Provinz wird bar bezahlt. Mit der Karte lässt sich gegen Gebühr Bargeld abheben. Internationale Geldautomaten sind zunehmend verfügbar (auch in Englisch).

GESUNDHEIT

Vorbeugende Impfungen sind nicht nötig. Bringen Sie Medikamente, die Sie benötigen, unbedingt von zu Haus mit. Im Notfall kann der deutsche Arzt Dr. Peter Seez von der Tokyo Medical & Surgical Clinic helfen. Alle Ärzte und Schwestern in dieser Klinik sprechen Englisch. *Mori Bldg. 32, 3-4-30 Shiba Koen, Minato-ku | Tel. 03/34 36–30 28.* Nur in dringenden Notfällen: *Tel. 03/34 32–61 34 | Fax 34 36–50 24*

Englisch wird auch im *St. Lukes Hospital and Clinic* gesprochen. *9-1 Akashi-cho, Chuo-ku, Tokyo | Tel. 03/35 41–51 51*

INLANDFLÜGE

Im Inland fliegen v.a. die Gesellschaften Japan Airlines und All Nippon Airways. Hinzu kommen Nischenanbieter auf bestimmten Strecken. Infos im Reisebüro und unter:

> **www.marcopolo.de/japan**

PRAKTISCHE HINWEISE

http//english.itp.ne.jp, *www.jal.com*, *www.anaskyweb.com*

INTERNET

Nützliche Adressen und Informationen enthält das englischsprachige Telefonbuch „Townpage" *(http://english.itp.ne.jp/)*. Links zu interessanten Japan-Sites und aktuelle Informationen finden Sie unter *www.jnto.go.jp*, *www.neo-tokyo.com*, *www.japan.tipp.de*, *www.japan-access.de*, *www.japan-guide.com*, *www.jpinn.com*, *www.japanican.com*

INTERNETCAFÉS

Es gibt sie überall, Terminals auch in allen großen Hotels, in Bibliotheken und Rathäusern.

KLIMA & REISEZEIT

Am angenehmsten sind das Frühjahr – am besten zur Kirschblüte im März/April – und der Herbst (besonders Nov./Anfang Dez.) mit milden Temperaturen und herrlicher Laubfärbung. Dann sind allerdings auch viele Inlandstouristen unterwegs.

Juni bis August sollte man meiden, weil es viel regnet und schwülheiß ist. Im Winter kann es auf Hokkaido, in Nord-Honshu und in den Gebirgsregionen sehr kalt werden und heftig schneien.

MEDIEN

Es gibt drei englischsprachige Tageszeitungen: „Japan Times", „Dai-ly Yomiuri" und „Asahi Shimbun". Restaurant- und Veranstaltungstipps bieten die Gratismagazine „Metropolis", „J Select", „Tokyo Classified" und „Kansai Time Out" (in Hotels, Supermärkten, Buchläden). Deutsche Zeitungen finden Sie nur in großen Hotels, in manchen Buchläden und an den Flughäfen.

Internationale Hotels übertragen englisches Satellitenfernsehen, morgens auch Nachrichten von ZDF und ARD. Über Zweikanalton kann man abends die Hauptnachrichtensendung des öffentlich-rechtlichen Senders NHK auf Englisch verfolgen.

WAS KOSTET WIE VIEL?

> KAFFEE	2,50 EURO	für eine Tasse im Café
> BIER	3,50 EURO	für ein kleines Glas
> NUDELSUPPE	AB 5 EURO	für eine einfache Suppe
> HAMBURGER	1,20 EURO	in einem Fastfoodrestaurant
> FÄCHER	35 EURO	für einen Souvenirfächer
> U-BAHNTICKET	AB 1 EURO	für eine einfache Fahrt

MIETWAGEN

Vom Mietwagen ist dringend abzuraten. Bei deutschen Touristen wird weder der deutsche noch der internationale Führerschein anerkannt. Österreicher und Schweizer müssen von ihrem Führerschein eine amtlich beglaubigte japanische Übersetzung mitführen. Erschwerend kommen exorbitante Maut- und Parkgebühren sowie der Linksverkehr hinzu.

NOTRUF

Polizei: *Tel. 110, auf Englisch 03/35 01–01 10;* Feuer/Notarzt: *Tel. 119;* Japan Helpline: *Tel. 0120/ 46 19 97*

ÖFFENTLICHE VERKEHRSMITTEL

Eine große Hilfe bei der Orientierung sind die farblich unterschiedlich gekennzeichneten und englisch ausgeschilderten U-Bahn-Systeme in Japans Großstädten. Bei Vorortzügen ist es oft schwer, die richtige Verbindung herauszufinden und den richtigen Fahrschein zu kaufen. Im Zweifel kann man sich beim Zugschaffner melden, der mit kleinem Aufpreis den richtigen Tarif berechnet.

POST

Eine Postkarte nach Europa kostet 80 ¥. Die zahlreichen Postämter sind meist *Mo–Fr 9–17 Uhr,* Hauptpostämter *Mo–Fr 9–19 Uhr, Sa 9–15 Uhr* geöffnet.

PREISE & WÄHRUNG

Das Preisniveau ist generell sehr hoch – etwa auf dem Standard von London oder New York.

Die japanische Währung ist der Yen (¥), gleichzeitig die kleinste Einheit. Münzen gibt es bis 500 Yen, Scheine ab 1000 Yen.

STROM

110 Volt Wechselstrom. Für deutsche Stecker braucht man Adapter. Am besten mitbringen.

TELEFON

Von Deutschland, Österreich oder der Schweiz nach Japan wählt man *0081,* dann die Vorwahl ohne die erste 0 und dann die Teilnehmernummer.

Für ein Gespräch von Japan ins Ausland muss zuerst eine Telefongesellschaft gewählt werden (zum Beispiel 001 für KDDI oder 0041 für Ni-

WETTER IN TOKIO

Jan.	Feb.	März	April	Mai	Juni	Juli	Aug.	Sept.	Okt.	Nov.	Dez.
9	9	12	18	22	25	29	30	27	20	16	11

Tagestemperaturen in °C

Jan.	Feb.	März	April	Mai	Juni	Juli	Aug.	Sept.	Okt.	Nov.	Dez.
–1	–1	3	4	13	19	22	23	19	13	7	1

Nachttemperaturen in °C

Jan.	Feb.	März	April	Mai	Juni	Juli	Aug.	Sept.	Okt.	Nov.	Dez.
6	6	6	6	6	5	6	7	4	4	5	5

Sonnenschein Std./Tag

Jan.	Feb.	März	April	Mai	Juni	Juli	Aug.	Sept.	Okt.	Nov.	Dez.
6	7	10	11	12	12	11	10	13	12	8	5

Niederschlag Tage/Monat

PRAKTISCHE HINWEISE

con Telecom), dann der nationale Code (Deutschland *49*, Österreich *41*, Schweiz *43*), dann jeweils die Vorwahl ohne die 0 und die Nummer des Teilnehmers.

Auslandsgespräche kann man von speziellen grauen und grünen Kartentelefonen aus führen (Karten dafür gibt es an Kiosken oder in Geschäften), von andere Telefonen aus mit Münzen (10, 100 oder 500 ¥) sowie Scheinen. In Hotels und auf Flughäfen stehen *Credit Phones* von KDDI, die internationale Kreditkarten akzeptieren. Die Vermittlung hat die Telefonnummer *0051*.

Für Touristen hat die japanische Regierung das Reisetelefon eingerichtet. Der englischsprachige Telefonservice hilft Besuchern, wenn sie in Schwierigkeiten geraten oder Auskunft benötigen. Bei öffentlichen Fernsprechern wirft man 10 ¥ ein, wählt die Nummer *106* und bittet auf Englisch um ein R-Gespräch mit dem *TIC (collect call TIC)*.

Europäische Mobiltelefone funktionieren in Japan nur sehr selten. Mehrere Unternehmen vermieten jedoch Handys an ausländische Touristen und liefern bei Vorbestellung pünktlich ans Hotel oder zum Airport (*rentafonejapan@dream.com*).

TRINKGELD

Trinkgeld ist in Japan weder in Restaurants noch in Taxis oder für Kofferträger üblich.

ÜBERNACHTEN

Auch in Japan gibt es relativ preiswerte Übernachtungsmöglichkeiten, aber empfehlen lassen sie sich nicht. Einfache Herbergen (Zimmer unter 100 Euro) entsprechen oft nicht europäischen Standards. Touristen klagen regelmäßig über mangelhafte Hygiene. Geschlafen wird auf Futons, oft mit mehreren Personen im Raum. Zum Frühstück wird – wenn überhaupt – ein Reisegericht mit kaltem Fisch serviert, statt Kaffee ist meist nur grüner Tee verfügbar. Auch kann es vorkommen, dass Ausländer auf Grund der Sprachprobleme beider Seiten nicht willkommen sind. Leider dürfen Englischkenntnisse auch bei der jüngeren Generation Japans noch immer nicht vorausgesetzt werden. Businesshotels sind in der Regel beengt und verraucht. Frauen sind dort selten anzutreffen. So genannte Kapselhotels, meist in Bahnhofsnähe, sind ebenfalls nicht zu empfehlen.

ZEIT

Japan ist Mitteleuropäischer Zeit (MEZ) um 8 Stunden und bei europäischer Sommerzeit um 7 Stunden voraus.

ZOLL

Zollfrei nach Japan einführen darf man drei Flaschen alkoholische Getränke, 400 Zigaretten, 100 Zigarren oder 500 g Tabak, 60 g Parfüm sowie Geschenke im Wert bis 200 000 ¥, allerdings keine Wurst- oder Fleischwaren. Wollen Sie Pflanzen oder Tiere mitbringen, müssen Sie die geltenden Quarantänebestimmungen beachten.

Bei der Heimkehr sind Waren bis zum Wert von 175 Euro zollfrei. Sonstige Freimengen: 200 Zigaretten oder 100 Zigarillos oder 50 Zigarren oder 250 g Tabak, 50 ml Parfüm und 0,25 l Eau de Toilette, 1 l Spirituosen und 2 l Wein. Mehr unter *www.zoll.de*

日本語が分かりますか

„Sprichst Du Japanisch?" Dieser Sprachführer hilft Ihnen, die wichtigsten Wörter und Sätze auf Japanisch zu sagen

Aussprache

Zur Erleichterung der Aussprache wurde eine einfache, dem Deutschen angepasste Lautschrift mit folgenden Besonderheiten verwendet:

„o"   wenn kurz, offener Vokal wie in „toll"
„s"   ist ein scharfes „s" wie in „dass"
„ʒ"   ist ein stimmhafter Laut wie „S" in „Sonne"
„dsch" wird wie „J" in „Jeans" gesprochen
„h"   nach einem Vokal bedeutet, dass dieser als Langvokal artikuliert wird
        (entspricht vorn im Band bei ō und ū dem Längungsstrich)

Doppelkonsonanten (z.B. in „tschotto") werden mit kurzer Atempause zwischen den beiden Konsonanten artikuliert (also etwa tschot-!-to, jakkjoku etwa jak-!-kjoku)

■ AUF EINEN BLICK

Ja./Nein.	Hai./Ie.	はい / いいえ
Vielleicht.	Tabun./Hjotto schitala.	多分 / ひょっとしたら
Bitte./Danke.	Dohzo./Aligatoh.	どうぞ / 有り難う
Vielen Dank für alles!	Iloilo aligatoh gozaimaschta!	どうも有り難うござい ました
Gern geschehen.	Doh itaschimaschte.	どういたしまして
Hallo./Entschuldigung.	Tschotto sumimasen!	ちょっとすみません
Wie bitte?	Nan to osschaimaschta ka?	何とおっしゃいましたか
Ich verstehe Sie nicht.	Joku wakalimasen.	よくわかりません
Bitte wiederholen Sie es.	Dohzo moh itschido itte kudasai.	どうぞもう一度言って 下さい
Können Sie mir bitte helfen?	Otetsudai itadakemass ka?	お手伝いいただけますか
Ich möchte ...	... ga hoschih dess. /... schitai dess.	... がほしいです /... したいです
Das gefällt mir.	Kole ga kini itte imass.	これが気に入っています
Das gefällt mir nicht so ganz.	Amali kini ilimasen.	あまり気に入りません
Haben Sie ... ?	... ga alimass ka?	... がありますか
Wie viel kostet dies?	Kole wa ikula dess ka?	これはいくらですか
Wie viel Uhr ist es?	Nandschi dess ka?	何時ですか

■ KENNENLERNEN

Guten Morgen!	Ohajoh gozaimass!	おはようございます
Guten Tag!	Konnitschi-wa!	こんにちは

> *www.marcopolo.de/japan*

SPRACHFÜHRER JAPANISCH

Guten Abend!	Konban-wa!	こんばんは
Mein Name ist ...	Wataschi no nama-e wa ... dess.	私の名前は ... です
Wie ist Ihr Name bitte?	Onama-e o oschiete kudasai.	お名前を教えて下さい
Wie geht es Ihnen?	Gokigen ikaga dess ka?	ご機嫌いかがですか
Danke. Und Ihnen?	Okagesama de. Anata wa?	おかげさまで。あなたは
Auf Wiedersehen!	Sajoh-nala.	さよなら
Gute Nacht!	Ojasumi nasai.	お休みなさい
Bis bald!/Bis morgen!	Dschah mata!/Mata aschta!	じゃ、また / また明日

■ UNTERWEGS

AUSKUNFT

Links/Rechts	Hidali/Migi	左 / 右
Geradeaus	Massugu	まっすぐ
Es ist nah./Es ist weit.	Tschkai dess./Tooi dess.	近い / 遠い
Wie weit ist das?	Kjori wa dono kulai arimass ka?	距離はどのぐらいありますか
Wo kann ich ein Auto/Fahrrad mieten?	Kuluma/dschitenscha wa doko de kalilalemass ka?	車 / 自転車はどこで 借りられますか
Bitte, wo ist ...	Sumimasen, ... wa doko dess ka?	すみません、... はどこですか
der ... Bahnhof?	eki	... 駅
die U-Bahn?	tschikatetsu	地下鉄
der Flughafen?	Kuhkoh	空港

TAXI

Zum Bahnhof, bitte.	Eki made onegai schimass.	駅までお願いします
Zum ... Hotel, bitte.	... hotel made onegai schimass.	... ホテルまでお願いします
Bitte halten Sie hier.	Koko de tomatte kudasai.	ここで停まって下さい
Bitte warten Sie hier.	Koko de matte ite kudasai.	ここで待っていて下さい

BAHNFAHRT

Eine einfache Fahrkarte nach ... bitte.	... iki no katamitschi-kippu o onegai schimass.	... 行きの片道切符を お願いします
Eine Rückfahrkarte nach ... bitte.	... iki no ohfuku-kippu o onegai schimass.	... 行きの往復切符を お願いします
Was kostet eine einfache Fahrt nach ...?	... iki no katamitschi-kippu wa ikula dess ka?	... 行きの片道切符は いくらですか
Von welchem Gleis fährt der Zug nach ... ab?	... iki no denscha wa nan-banssen kala demass ka?	.. 行きの電車は 何番線から 出ますか
Sagen Sie mir bitte, wenn wir dort sind.	Soko ni tsuitala, oschiete kudasai.	そこに着いたら 教えて下さい

UNFALL

Hilfe!	Tasskete!	助けて
Seien Sie bitte vorsichtig!	Ki o tsukete!	気をつけて
Vorsicht, gefährlich!	Abunai dess jo!	危ないですよ
Rufen Sie bitte schnell ...	Dohzo sugu ni ...	どうぞ直ぐに ...
einen Krankenwagen	kjuh-kjuh-scha o jonde kudasai.	救急車を呼んで下さい
die Polizei	kehsatsu o jonde kudasai.	警察を呼んで下さい
die Feuerwehr	schohboh-scho o jonde kudasai.	消防署に連絡して下さい
Geben Sie mir bitte Ihre Anschrift.	Anata no dschuhscho o oschiete kudasai.	あなたのお住所を教えて下さい

ESSEN/UNTERHALTUNG

Können Sie mir ein japanisches Restaurant empfehlen?	Doko ka wahuh restoran o oschiete kudasaimasen ka?	どこか和風レストランを教えて下さいませんか
Gibt es hier in der Nähe ein Restaurant, wo man günstig essen kann?	Doko ka kono tschikaku de jasku schokudschi no dekiru restoran ga alimass ka?	どこかこの近くで安く食事できるレストランがありますか
Auf Ihr Wohl!	Kanpai!	かんぱい
Bezahlen, bitte!	Okandschoh o onegai schimass.	お勘定お願いします

EINKAUFEN

Wo kann man ... kaufen?	... wa doko de ka-emass ka?	... はどこで買えますか
Apotheke	Kusulija, jakkjoku	葉屋、葉局
Bäckerei	Panja, behkalih	パン屋、ベーカリー
Fotogeschäft	Schaschin-ja	写真屋
Kaufhaus	hjakkaten, depahto	百貨店、デパート
Lebensmittelgeschäft	Schokuljoh-hinten	食料品店
Markt	Itschi	市

ÜBERNACHTUNG

Ich habe bei Ihnen ein Zimmer reserviert.	Hitōheja o jojaku schimaschta.	一部屋を予約しました
Haben Sie noch Zimmer frei?	Mada hitōheja aite imass ka?	まだ一部屋空いていますか
ein Einzelzimmer	schingulu/hitoli-beja	シングル、一人部屋
ein Doppelzimmer	tsuin/futali-beja	ツイン、二人部屋
mit Bad	bass-tski no heja	バス付きの部屋
für eine Nacht	hitoban/ippaku	一晩、一泊
Was kostet das Zimmer?	Heja-dai wa ikula dess ka?	部屋はいくらですか
Ist das Frühstück inklusive?	Tschoh-schoku-tski dess ka?	朝食付きですか
Halbpension/Vollpension	Nischoku-tski/sanschoku-tski	二食付き / 三食付き

> **www.marcopolo.de/japan**

SPRACHFÜHRER

■ PRAKTISCHE INFORMATIONEN

ARZT

Können Sie mir einen guten Arzt empfehlen? — Joi ischa o schohkai schte kudasaimasen ka? — よい医者を紹介 して下さいませんか

Ich habe Fieber. — Netsu ga arimass. — 熱があります

Ich bin stark erkältet. — Hidoku kaze o hihte imass. — ひどく風邪をひいています

Ich habe mir den Magen verdorben. — I o kowaschimaschta. — 胃を壊しました

Ich habe hier Schmerzen. — Koko ga itai dess. — ここが痛いです

BANK

Wo ist die nächste Bank, in der ich Geld wechseln kann? — Kono tschikaku no ginkoh de ljohga-e dekiru tokolo wa doko dess ka? — この近くの銀行で 両替ができるところは どこですか

Ich möchte Geld wechseln. — Ljohga-e schitai no dess ga. — 両替したいのですが

POST

Was kostet ein Brief/ eine Postkarte nach Deutschland/ Österreich/in die Schweiz? — Tegami/hagaki wa doitsu/ ohstolia/suiss made ikula dess ka? — 手紙は / 葉書はドイツ / オーストリア / スイス までいくらですか

■ ZAHLEN

0	zelo, leh	ゼロ,令	18	dschuh-hatschi	十八
1	itschi	一	19	dschuh-kjuh	十九
2	ni	二	20	ni-dschuh	二十
3	san	三	21	ni-dschuh-itschi	二十一
4	schi, jon	四	22	ni-dschuh-ni	二十二
5	go	五	30	san-dschuh	三十
6	loku	六	40	jon-dschuh, schi-dschuh	四十
7	schtschi, nana	七	50	gōdschuh	五十
8	hatschi	八	60	loku-dschuh	六十
9	kjuh	九	70	nana-dschuh, schtschi-dschuh	七十
10	dschuh	十	80	hatschi-dschuh	八十
11	dschuh-itschi	十一	90	kjuh-dschuh	九十
12	dschuh-ni	十二	100	hjaku	百
13	dschuh-san	十三	200	ni-hjaku	二百
14	dschuh-jon, dschuh-schi	十四	1000	sen	千
15	dschuh-go	十五	2000	ni-sen	二千
16	dschuh-loku	十六	10.000	itschi-man	一万
17	dschuh-schtschi, dschuh-nana	十七	1/2	nibun no itschi	二分の一
			1/4	jonbun no itschi	四分の一

Eine Rikscha auf den Straßen von Takayama

> UNTERWEGS IN JAPAN

Die Seiteneinteilung für den Reiseatlas finden Sie auf dem hinteren Umschlag dieses Reiseführers

REISE ATLAS

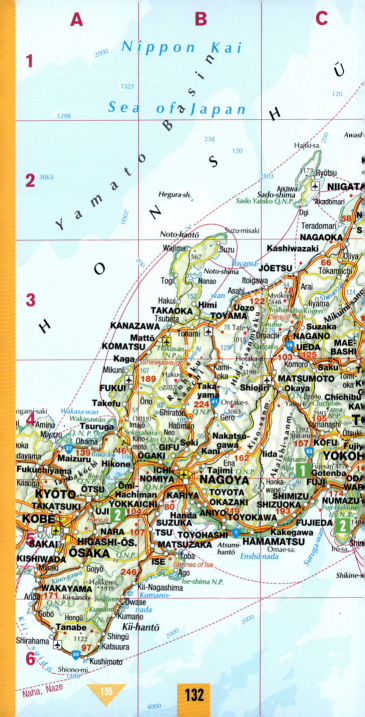

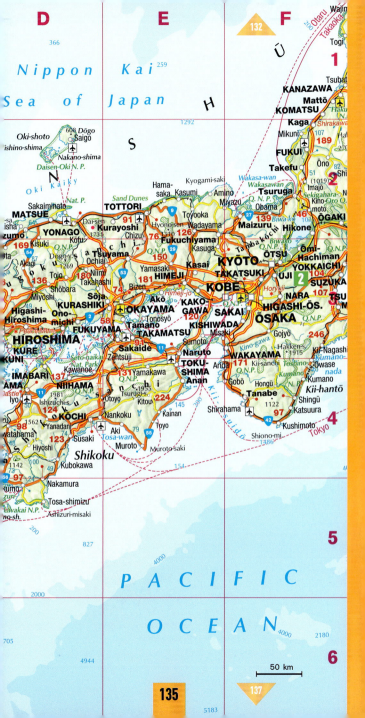

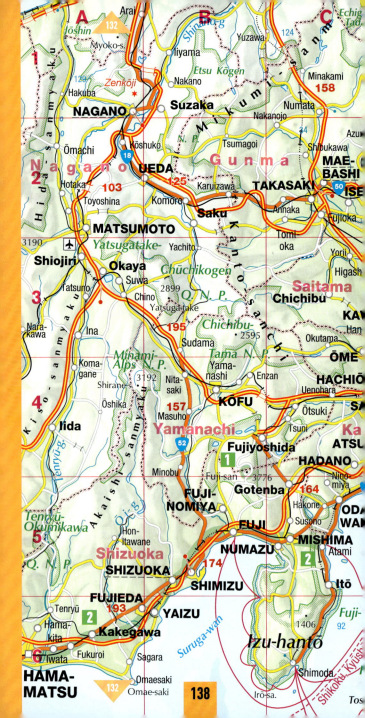

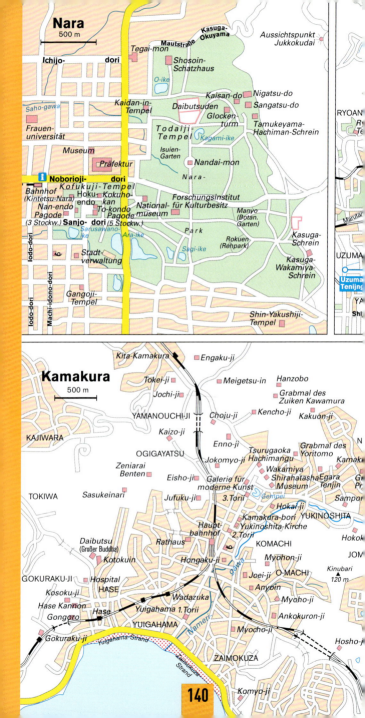

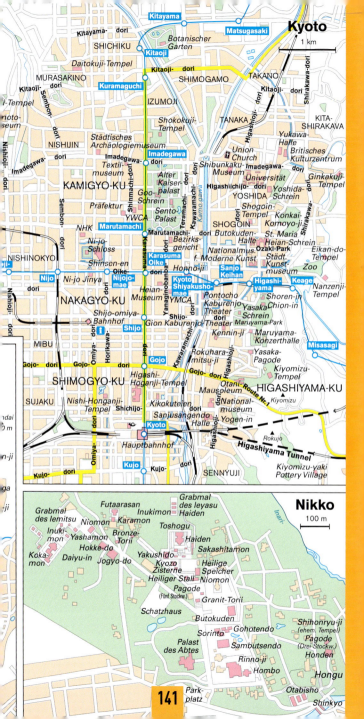

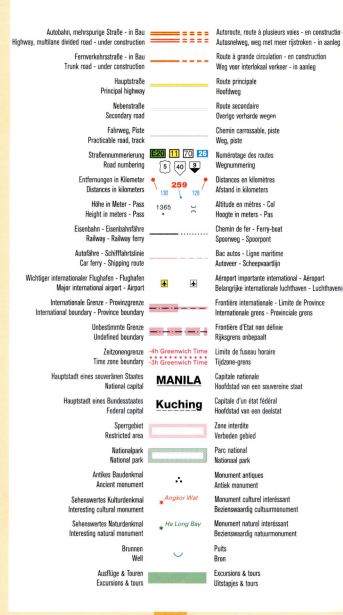

Vor herbstlicher Kulisse: junge Frauen in einem Teehaus in Takao

REGISTER

In diesem Register sind alle in diesem Band erwähnten Orte, Ausflugsziele sowie wichtige Sachbegriffe verzeichnet. Halbfette Seitenzahlen verweisen auf den Haupteintrag, kursive auf ein Foto.

Aikido 112
Aizu-Wakamatsu 30f.
Amae 16
Amanohashidate 68
Aomori **32**
Arashiyama 82
Ashi-See 39
Atami 108
Azuchi-Momoyama-Zeit 74
Beppu **95ff.**
Bonsai 17
Buddhismus 10, 20, 82, 84
Byodo-in **82**
Chiran **100**
Chuzenji-See 51
Dejima **101**
Edo-Zeit 10, 43, 65, 78
Flohmarkt 80
Fugu 18
Fuji 8, 61, **106ff.**
Fukui 60
Fukuoka *94/95*, **96ff.**
Geisha *16/17*, 18, 23, 72, 76, 81
Gengo 18
Gyokusen-do 105
Hachimantai Chojo 33
Hakone **39f.**
Handy 11, 19, 29
Heian-Zeit 10, 74
Heisei-Ära 10, 19
Himeji **62ff.**
Himeyuri no To 105
Hiroshima 10, **66ff.**
Hokkaido 8, **30ff.**, 114
Honshu 8, **30ff.**, 114
Horyu-ji **88**
Hozugawa-Fluss 110
Ise-jingu *38/39*, 49
Iwate-Berg 33
Izu-Nationalpark 109
Izusan 108
Japanische Alpen 39
Jizo-in **83**
Jomon-Zeit 10
Judo 112
Kabuki-Theater **60**, *61*, 82, 102

Kagoshima **99ff.**
Kaiser 10, 19, 20, 22, 30, 47, 54, 62, 71, 73f., 77f., 83, 85, 89
Kalksteinhöhle 105
Kamakura **40ff.**, 115
Kanazawa *42*, **43ff.**
Kano-Schule 74
Kansai-Gebiet 62
Kap Kyan-misaki 105
Karate 112
Katsura-rikyu **83**
Kawasaki 38
Kegon-Wasserfall 51
Kendo 111, 112
Kobe 10, 12, **69ff.**
Koke-dera **83**
Koya-san 50
Kyoto 8, 10, 19, 23, 29, 59, *62/63*, **71ff.**, 108f., **110f.**, *112/113*
Kyushu 8, 94ff.
Maiko 18, *47*, 81
Manga 19
Matsumoto **46**
Matsushima-Bucht **37**
Meiji-Ära 76, 85, 96, 101, 110
Meiji-Schrein *8/9*, 23, **54**
Miyajima (Torii) *6/7*, **68**
Mobiltelefon 11, 19, 29, 123
Moostempel *83*
Mystik 19
Naeba 23
Nagano **44ff.**
Nagasaki 10, **100ff.**
Nagoya **47ff.**
Naha **103f.**
Nara 23, 59, **84ff.**
Nara-Zeit 10
Nationalparks 33, 35, 51, 109
Niigata 33
Nikko 23, **50ff.**
Nishi-no-Kyo 89
Noto-Halbinsel 44
Ogi 33
Ogura 82
Okayama 22, **89**

Okinawa 12, 103ff., 113
Okokumura-Schlangenpark 105
Onsen 19, *40*, 94ff., 148
Osaka 10, 12, 13, 66, **90ff.**, 117
Roboter 54, 90f.
Ryokan 16, 42, 43, 54, 73, 79, 84, **100f.**
Ryotsu 33
Ryukyu-Archipel 103f.
Sado **33**
Sagami Bay 12
Saiho-ji (Koke-dera) **83**
Sakurajima *98*, **99**
Sakura-Partys 59
Samurai 10, 20, 23, 31, 43, 56, 98, 100, 112
Sapporo 22, 33ff., *35*, 114
Shintoismus *8/9*, 20, *38/39*, 49, 54
Schlachtfeld, Okinawa **105**
Shikoku 8, 89, 102, 114
Shikotsu-Toya-Nationalpark **35**
Shinkansen-Express 8, 38
Shodo 15
Shogun 10, 30, 47, 48, 50, 62, 63, *71*, 74f., 90
Shosha-zan Engyo-ji **66**
Sumo *112/113*, 115
Sushi 24ff., 36, 56
Takamatsu 98f.
Takayama **46**, *128/129*
Tenno 10, 20, 47, 49, 73, 84
Tenryu-ji 82
Toba *48*, **49**
Togetsu-kyo 82
Tohoku 30
Tokio 10, *11*, 12, 13, 14, 15, 21, 23, 25, 28, 34, **51ff.**, 70, 108f., 114, 115, 116f.
Tokugawa-Zeit 10, 47, 48, 50, 77, 90
Toshodai-ji **89**
Towada-Hachimantai-Nationalpark **33**

> *www.marcopolo.de/japan*

IMPRESSUM

Toya-See 10, 35, 36, 117
Ujigawa-See 59
Umami 21
Wajima 44

Yamato-Tal 85
Yokohama *61*
Yoshino 59
Yukata 28, 108
Zen-Buddhismus 41, 60

Zen-Gärten *62/63*, 72, 74, 78, 83
Zen-Schule Rinzai 72, 77, 82
Zuiganji 37

> SCHREIBEN SIE UNS!

Liebe Leserin, lieber Leser,

wir setzen alles daran, Ihnen möglichst aktuelle Informationen mit auf die Reise zu geben. Dennoch schleichen sich manchmal Fehler ein – trotz gründlicher Recherche unserer Autoren/innen. Sie haben sicherlich Verständnis, dass der Verlag dafür keine Haftung übernehmen kann.

Wir freuen uns aber, wenn Sie uns schreiben.

Senden Sie Ihre Post an die MARCO POLO Redaktion, MAIRDUMONT, Postfach 31 51, 73751 Ostfildern, info@marcopolo.de

IMPRESSUM

Titelbild: Kyoto Shintoistischer Tempel (Laif: Le Figaro Magazine)
Fotos: ABSOLUT ICEBAR TOKYO (14 o.); BANDAI GmbH (13 o.); Achim Bornhöft (12 o.); A. Buschmann (2 l.); D´espairsRay (13 u.); © fotolia.com: DWP (15 o.), Galina Barskaya (111 M.l.), NorthShoreSurfPhotos (12 u.); J. Frangenberg (4 r., 75, 86, 91, 93); R. Hackenberg (29, 40, 48, 96, 100); HB Verlag: Hackenberg (U.l., 3 M, 28/29, 37, 83, 115, 116/117, 117); Hozu Rapids Boating Office: Keiichiro Sawa (110 M.r.); Huber: Orient (8/9, 11), Picture Finders (6/7, 42, 80), Sato (106/107); © iStockphoto.com: Sean Barley (111 o.l.), Yoko Bates (15 u.), Elena Elisseeva (110 M.l.), Robert Kohlhuber (111 u.r.), Stefanie Timmermann (111 M.r.), maki watanabe (110 o.l.); V. Janicke (41, 101, 143); Japanische Fremdenverkehrszentrale (26, 35, 105); Kirin Brewery Co., Ltd. (14 M.); A. und R. Köhler (147); Laif: Kirchgessner (24/25, 28), Le Figaro Magazine (1), Moleres (62/63); Laif/Hemispheres: DERWAL (73); Laif/ VU: Desprez (116); Iue International Co.,Ltd. (110 u. r.); Mauritius: age (112/113), IPS (U. M.), Lovell (2 r., 3 l.), SuperStock (16/17), Vidler (3 r., 21, 67); A. Odendahl (4 l., 57); Okapia: Sutherland (18); Picture Alliance/KPA: Hackenberg (103); H. Pohling (22, 22/23, 23, 30/31, 32, 38/39, 45, 47, 53, 54/55, 58, 61, 64, 68/69, 71, 76/77, 84, 88/89, 94/95, 98, 128/129); Barbara Polzer (14 u.); P. Spierenburg (5, 51, 79, 109); Transglobe: Simmons (U. r., 27);

4. (9.), aktualisierte Auflage 2009
© MAIRDUMONT GmbH & Co. KG, Ostfildern
Verlegerin: Stephanie Mair-Huydts; Chefredaktion: Michaela Lienemann, Marion Zorn
Autoren: Angela Köhler, Rainer Köhler; Redaktion: Andrea Mertes
Programmbetreuung: Cornelia Bernhart, Jens Bey; Bildredaktion: Gabriele Forst, Helge Rösch
Szene/24h: wunder media, München
Kartografie Reiseatlas: © MAIRDUMONT, Ostfildern
Innengestaltung: Zum goldenen Hirschen, Hamburg; Titel/S. 1–3: Factor Product, München
Sprachführer: in Zusammenarbeit mit Ernst Klett Sprachen GmbH, Stuttgart, Redaktion PONS Wörterbücher
Das Werk einschließlich aller seiner Teile ist urheberrechtlich geschützt. Jede urheberrechtsrelevante Verwertung ist ohne Zustimmung des Verlages unzulässig und strafbar. Das gilt insbesondere für Vervielfältigungen, Übersetzungen, Nachahmungen, Mikroverfilmungen und die Einspeicherung und Verarbeitung in elektronischen Systemen.
Printed in Germany. Gedruckt auf 100% chlorfrei gebleichtem Papier

Studienreisen Japan

"Auf den Spuren der Shogune" 13 Tage
"Im Land der aufgehenden Sonne" 18 Tage
"Japan Intensiv" 24 Tage

13-, 18- und 24-tägige Studienreisen nach Japan, inklusive Liniendirektflüge mit Japan Airlines (JAL), umfangreiches Programm & alle Ausflüge inklusive, deutsche Studienreiseleiter, Mittelklassehotels, HP, Specials: Ryokan, Shinkansen, Fuji-san u.v.m. inkl.

ab 2498,- Euro

weitere Informationen: **www.japan.bct-touristik.de**

BCT-Touristik
Bonner Straße 37   53721 Siegburg
Tel: 02241-9424211 Fax: 02241-9424299

"Japan 4 Youth"

Die neue Produktlinie nur für Euch

kreative 15- oder 23-tägige Japan-Life-Reisen f. junge Leute inkl. Sprachkurs & Business-Knigge, dynamische Reiseleiter, Manga-/Animekultur, Cosplay, Riverrafting atemberaubende Metropolen, Eigamura Filmstudios

ab 1998,- Euro

contact: **www.japan4youth.de**

> UNSERE AUTOREN
MARCO POLO Insider Angela und Rainer Köhler im Interview

Angela und Rainer Köhler haben Deutschland vor 30 Jahren den Rücken gekehrt – und in Japan ihre vorläufige Heimat gefunden. Die beiden Journalisten arbeiten als Korrespondenten für Zeitungen, Magazine, Nachrichtenagenturen, Rundfunk und TV.

Sie leben seit 1987 in Japan. Haben Sie gar kein Heimweh?

Als wir vor mehr als 30 Jahren beschlossen, ins Ausland zu gehen, war klar: Wir wollen nie weniger als 5000 Kilometer vom Schreibtisch des Chefs entfernt arbeiten und uns möglichst wenig reinreden lassen. Nach Afrika haben wir uns schließlich in Asien angesiedelt. Sprache, Kultur, Mentalität – das Fremde zieht uns noch immer an, auch wenn wir jeden Heimaturlaub in Bayern verbringen.

Was reizt Sie an Japan?

Der Beobachterstatus. Wir leben dort mit den Menschen, halten die Regeln ein, haben uns weitgehend integriert, sind aber letzlich doch nicht Teil der Gesellschaft. Damit ist man sensibler für Veränderungen. Ständig das Neue zu suchen, macht den Job als Auslandskorrespondent spannend.

Und was stört Sie?

Die abgedrehten Fernsehprogramme, der oft peinliche Nationalismus im Sport, die Engstirnigkeit, wenn es für die konkrete Situation keine klare Vorschrift gibt. Natürlich nervt auch das Gedränge der Innenstädte und der schwülheiße Sommer von Tokio. Selbstverständlich die hohen Preise ... wenn wir nur an unsere Miete denken!

Wo wohnen Sie denn?

In der Tokioter Innenstadt, direkt neben dem Fischmarkt Tsukiji, in Sichtweite der Ginza und 30 Minuten zu Fuß bis zum Kaiserpalast oder ins Regierungsviertel. Das ist für den Beruf äußerst praktisch und Zeit sparend. Wir leben im 21. Stock, zwar auf kleinem Raum, aber mit fabelhaftem Blick über fast die gesamte City.

Kommen Sie viel in Japan herum?

Wir waren eigentlich überall, wo es schön oder wichtig ist. Unverzichtbar für uns sind zwei- oder dreimal im Jahr Reisen nach Kyoto. Oft fahren wir Anfang April zur Sakura oder wenn im Mai die Azaleen blühen. In jedem Fall zur Laubfärbung Ende November. Der Einklang von Natur und Architektur in den Tempeln, der verfeinerte Lebensstil im Ryokan, der Sinn für Ästhetik bei Tee und Töpferei reizen immer wieder. Kyoto wäre der Platz in Japan, wo wir auch ohne den Beruf leben würden.

> BLOSS NICHT!

Ja keine Disharmonie – und niemals die Kloschlappen anbehalten

Hände schütteln

Beim Betreten eines Hotels, Restaurants oder Geschäfts begrüßt man Sie mit Verbeugungen. Besonders in der Provinz reagieren Japaner verstört, wenn Sie darauf die Hand schütteln wollen. Sie selbst (als Ausländer) müssen sich nicht verbeugen. Ein freundliches Gesicht tut es auch.

Vergessen, die Schuhe auszuziehen

Wer in einem japanischen Gasthof wohnt, ein mit Strohmatten ausgelegtes Restaurant besucht, sich einen Tempel oder Schrein anschaut, muss seine Schuhe ausziehen. Japaner bevorzugen für solche Touren Slipper. Eine besondere Tücke sind Toiletten in schuhfreien Zonen. Dort stehen aus hygienischen Gründen spezielle Pantoffeln. Immer wieder vergessen Ausländer, nach getanem Geschäft in die Hauspantoffeln zu wechseln, und spazieren unter dem verstohlenen Lächeln der Japaner in Kloschlappen durchs Gelände.

Taxifahrregeln missachten

Regel Nummer eins: Fassen Sie keine Tür an. Die hinteren Wagentüren öffnet und schließt der Fahrer von seinem Sitz aus. Es gilt als hinterwäldlerisch, wenn man das nicht weiß. Fahrgäste platzieren sich generell im Fond. Die Taxifahrer sprechen bis auf ein paar seltene Exemplare kein Wort fremdländisch, auch nicht englisch. Vergessen Sie daher nicht, ihre Zieladresse auf Japanisch mitzunehmen.

Ungewaschen ins Gemeinschaftsbad

Beim Entspannen in den herrlichen heißen Quellen *(Onsen)* werden Ausländer fast immer argwöhnisch beobachtet. Japaner fürchten, die *Gaijin* würden ungewaschen in das Gemeinschaftsbad steigen. Man muss sich unbedingt – für jedermann sichtbar – gründlich schrubben und abseifen. Japaner hocken dazu meist auf Holzschemeln und begießen sich mit einem kleinen Holzzuber. Nehmen Sie viel Seife, das überzeugt!

Zur falschen Zeit reisen

Im Juli und August stöhnen selbst Japaner unter dem Klima. Etwas kühler, aber dafür sehr regnerisch ist der Frühsommer von Mitte Mai bis Juni. Nass und wenig einladend kommt in der Regel auch der Spätsommer mit seinen Taifunen daher. Schön sind Frühjahr und Herbst, doch meiden Sie die Goldene Woche Ende April/Anfang Mai, weil in dieser Kette von Feiertagen halb Japan unterwegs ist. Gleiches gilt zum Seelenfest *O-Bon* Mitte August.

Streiten

Japaner haben eine ausgeprägte Abneigung gegen offene Konfrontationen und ein starkes Bedürfnis nach Harmonie, die oft einen höheren Stellenwert als die Wahrheit bekommt. Unterdrücken Sie persönliche Empfindungen. Emotionen – sagen Japaner – sollten erfüllt werden. Es gilt als unfein, sie verbal auszudrücken oder sie sich anmerken zu lassen.